엘로힘 VS 하나님

엘로힘 VS 하나님

알면 살고 모르면 죽는다
알아도 지켜야 살고 지키지 않으면 죽는다

저자

루하 엘로힘 · 심부름꾼 조길봉

이브리어 단어별 합성어 해설 연구원
A research Institute of compound words for each Ebrew word

쉬모트(출) 20:3,7 '너는 나 외에는 또 다른 신(神)들을 네게 두지 말라 7 너는 네 엘로힘 에하흐의 이름을 망령(사브 - 텅빔, 공허, 헛됨, 허무, 거짓)되게 부르지 말라 에하흐는 그의 이름을 망령(거짓과 헛되게)되게 부르는 자를 죄 없다(나카 - 무죄로 하지)하지 아니하리라'고 하셨습니다.

'크게 외치라 목소리를 아끼지 말라 네 목소리를 나팔 같이 높여 내 백성에게 그들의 허물(페솨 - 배반, 배신)을, 야곱의 집에 그들의 죄(하타아)를 알리라'(예샤야(사) 58:1)고 하셨습니다.

'인자야 내가 너를 이스라엘 족속의 파수꾼으로 세웠으니 너는 내 입의 말을 듣고 나를 대신하여 그들을 깨우치라(자할 - 너는 계속 빛을 보내라, 너는 계속 가르치라, 너는 계속 경고하라),(에헤즈케엘(겔) 3:17)고 하셨습니다.

우리는 143년 동안 이 사실을 전혀 모르고 있었습니다. 창조주 '엘로힘'은 객관적 사실입니다. '하나님'은 주관적 생각, 감정으로 만들어낸 명칭입니다. 신구약 원어 텍스트에는 '하나님'(주관적 가상 神)의 명칭이 없습니다.

본서는 『신구약 원어 텍스트의 본질로 회귀하는 대개혁』의 개정판입니다.

■ **Fact Check**

뻬레쇠트(창) 1:1

בְּרֵאשִׁית בָּרָא אֱלֹהִים אֵת הַשָּׁמַיִם וְאֵת הָאָרֶץ:

한글 – 태초에 **하나님**이 천지를 창조하시니라.

한문 – 太初에 **하나님**이 天地를 創造하시니라.

영어 – In the beginning **God** created the heaven and the earth. -Kjv

일어 – 初めに、**神**は天地を創造された。

　　　 - 하지메니, **카미와** 텐치오 소 - 조 - 사레타.

중국어 – 起初 **神** 创造 天地。

　　　 - 치추 션 창짜오 티엔디. (중국인의 최고 신 - 上帝 - 샹 - 띠)

독자들께 권합니다. Fact check를 위해서 독자의 선지식을 내려놓고 본서를 대하십시오. 고정관념은 독자께서 원어 텍스트를 새롭게 깨닫는데 엄청난 장애물입니다. 내려놓고 어린아이 마음이 되면 새로운 진리의 복음들을 깨닫게 될 것입니다. 필자가 왜 '히브리어'라고 하지 않고 '이브리어'라고 하는지 먼저 팩트 체크를 합니다.

그리고 본서의 내용들은 모두 팩트 체크를 한 내용들이라는 것을 압니다.

עִבְרִי(5680, 마소라 모음표기 이브리/한글 사전표기-히브리인/영어표기-Hebrew/이브리 의미-저 너머, 다른 쪽, 건너감, 지나감, 강을 건너 온 자)이다.

'신구약성경(원어 텍스트)은 '루하 엘로힘 아브'의 말씀이니 신앙과 행위에 대하여 정확 무오한 유일의 법칙이라'는 것은 기독교인이라면 부인 하지 않습니다. 그런데 '이브리'를 보십시오. 이렇게 하면 안 됩니다. Fact check를 보십시오. 원어에서 '이브리'라고 하였으면 '이브리'라고 하면 됩니다. 그런데 '히브리', 'Hebrew'라고 하였습니다. 이런 성경과 사전들을 신뢰 할수 있습니까? '이브리트'(이브리어)를 '히브리어'라고들 합니다. 이런 짝퉁들이 너무너무 많습니다. '루하 엘로힘 아브'께서 감동으로 주신 말씀들이 이래서는 안된다는 것입니다. '루하 엘로힘 아브'께서 원어를 통하여 무엇이라고 말씀하셨는가를 옮겨 표기하지 않고 세계적으로 명성 있는 신학자의 견해, 추정, 주장, 패권국의 토속문화의 영향 등이 성경번역에 반영(反映)된 것들이 너무 많습니다.

성경번역의 기본 원칙은 인명, 지명 등의 명사를 국가마다 달리해서는 안되고 해설을 해서도 안됩니다. 성경은 번역서이지 해설서가 아닙니다. <u>가장 큰 불가침 원칙 중에 루하(영, 창 1:2, 요 4:24)께서 어떤 분이신지를 알려주는 이름, 칭호(복합칭호), 속성들의 고유명사들은 원어원음대로 옮겨 표기하는 것이 기본원칙입니다.</u>

'이브리 명사가 한글과 영어가 모두 다르지 않습니까. 혼돈 혼합되어 있습니다. '루하 엘로힘 아브'께서 혼합하지 말라고 하셨습니다(레 19:19, 신 22:9-11, 마 9:16-17, 고후 6:14-17, 계 22:15,18-19). 분명한 이유가 있습니다. 거룩함(영적구별, 분리)을 유지보존 하시기 위한 영적인 금지령입니다(창 1:1-5, 마 5:13-16, 엡 5:8, 살전 5:5-8, 계 21:8).

עֲבְרִית 이브리트(이브리어)가 명확한 마소라 모음표기이므로 필자는 '이

브리어라고 합니다. 마소라 모음표기는 이브리어를 읽기 위한 것이지만 마소라 모음표기가 아닌 것들이 수두룩합니다. 필자는 98%이상을 마소라 모음표기를 인용합니다. 100% 인용하지 못하는 이유는 한글과 언어로 조합이 되지 않는 것들이 있기 때문입니다. 루하(영)의 이름과 칭호에 대한 성경과 사전의 Fact check이므로 거부감과 생소할 수도 있으나 팩트입니다. 이러므로 선지식, 고정관념을 내려놓으라는 것입니다. 진리를 사모하는 분에게는 눈이 번쩍 뜨일 것입니다.

2300년전 이브리어를 헬라어(70역본LXX)로 번역할 때에도 쏴탄이 개입하였습니다. 쏴탄은 이브리어 '엘로힘'을 헬라어 보통명사 '데오스'(헬라 토속문화 일반 신, 잡신, 잡귀)로 번역하도록 미혹 하였습니다. 이집트 알렉산드리아(이집트 왕 프톨레마이오스 2세 필라델포스가 이집트 알렉산드리아에 있는 자신의 도서관에 소장(所藏)하기 위하여 이브리어 성경의 번역본을 의뢰하여 시작 됨)에서 이브리어 성경을 그리스(헬라)어로 번역 작업을 진행하기 위해 이스라엘의 12지파에서 6명씩 선발된 총 72명의 유대인학자들은 70인역을 만들 때 신앙양심을 헌신짝처럼 버렸습니다. 쏴탄 마귀의 역사가 분명하다.

이브리어 특정된 고유명사 '엘로힘' - אֱלֹהִים을 데오스 θεός(데오스는 특정 신의 고유명사가 아니라, 일반 신이다. 보편적인 신의 개념을 나타내는 용어, 포괄적인 신(God)의 개념으로 잡신(雜神), 잡귀(雜鬼)라는 것이다)로 번역한 것입니다. 1883년 10월 존 로스는 한민족 단군신화의 우상 하나님을 기독교의 유일신과 창조주로 만든 사람입니다. 이것은 역사적인 명백한 사실입니다.

창조주 '엘로힘'을 일반 신들과 동일하게 만들어 버린 쇠탄 - 마귀 - 귀신의 역사라는 것을 증명하고 있습니다. 이브리어 원어 텍스트에 '엘로힘'(창 1:1), '루하 엘로힘'(창 1:2), '에하흐 엘로힘'(창 2:4)은 특정(特定 - 특별히 정하여져 있음)되어 있는 영(루하)이신 아버지께서 어떤 분이신지를 나타내는 이름들입니다(출 3:14-15, 출 15:11, 출 20:3, 신 6:4-5, 사 43:10, 사 44:8, 사 45:21, 고전 8:4).

이브리어에 '엘로힘'이면 헬라어(코이네 그리스어)에도 '엘로힘'이라고 표기해야 합니다. 이브리어에 '엘로힘'이면 한글 성경에도 '엘로힘'으로 표기해야 합니다. 세계 모든 나라에 성경에 '엘로힘'으로 표기해야 합니다. 영이신 아버지께서 어떤 분이신지를 알려 주는 이름은 번역하면 안 됩니다. 이브리어 원어의 원음(原音)을 옮겨 표기하면 쇠탄의 미혹에 넘어

가지 않습니다. 싸탄에게 속아서 각 나라의 神稱으로 번역을 하는 것입니다(요 8:44, 요 10:10, 창 3:4-6,19, 레 24:16, 신 18:20).

신구약 원어 텍스트에는 하나님이라는 명칭이 없다. 천지만물의 창조주는 오직 엘로힘뿐이시다. 처음부터 존 로스와 성경 번역자들이 단군신화 토속문화를 받아들여 한민족이 수천 년 섬기고 부르던 신칭인 우상 하느님, 단군신화의 우상하나님을 창조주 하나님으로 표기한 것이다. 창조주 엘로힘이신 영이신 아버지의 본질을 파괴해 버린 악한 원흉들입니다.

AI가 "데오스(Theos)는 헬라어로 '하나님'을 뜻하는 단어입니다."라고 하였다. 이것이 현실입니다. '데오스(Dheos)'의 의미와 용례는 보통명사로서의 '신(神)', '데오스'는 영어의 'God'처럼, 고유한 존재를 지칭하는 고유명사가 아니라 '신'이라는 속성을 가진 보편적인 존재들을 아우르는 보통명사, 헬라신화의 하위 神입니다

이브리어 '엘로힘'을 헬라어(코이네 그리스어)로 번역할 때 헬라신화의 하위 神이 들어왔다는 명백한 증거입니다. 헬라인들에게 '데오스'는 특별한 의미가 없는 하위 神의 명칭입니다. 타락한 인간들이 신화와

학문으로 이브리어 고유명사 '엘로힘'을 일반명사화 한 것을 필자가 고유명사의 본질로 되돌려놓고 있습니다.

각 나라의 국어는 그 나라의 민족성과 토착문화가 깊이 자리를 잡고 있습니다. 그래서 신구약 원어 텍스트를 왜곡 번역하게 됩니다. 72인은 '엘로힘'을 '데오스'(헬라신화의 하위 신)로 번역하여 창조주 엘로힘의 본질을 왜곡한지 2300년이 되었습니다. 창조주 엘로힘을 헬라신화의 하위 신, 우상으로 만들었습니다. 대한민국은 한문, 영어, 유교, 불교, 샤머니즘의 영향을 받아서 혼합종교화 되어 있어 지극히 기복신앙을 추구합니다.

웨스터민스터 신앙고백서 제 1장 9항. "성경 해석의 규칙은 성경 그 자체임." 9항 성경 해석을 위한 무오한 법칙은 성경자체이다. 그러므로 어떤 성경구절의 참되고 완전한 의미에 대하여 의문이 생긴 때에는(참되고 완전한 의미는 여럿이 아니고 하나뿐임)보다 분명하게 말하고 있는 다른 구절을 통해서 연구하고 알아내야 한다"고 하였습니다.

자랑스럽게 불렀던 그 이름 하나님은 토속문화 한민족 우상의 신 칭이 하늘님, 하느님(하늘 heaven + 님 prince, 주관적 가상 神), 하나님입니다. 하나님의 이름은 신구약 원어 텍스트에는 없습니다. 한글성경에만 있습니다. 웬 날벼락입니까? 그러나 사실입니다. 부인할 수 없습니다. 존 로스가 만든 '하나님'은 주관적 神, 가상의 神이라는 것입니다. 《본서에서는 하나 + 님 = 하나님은 존 로스가 만들어 표기함으로 시작 되었기에 하나님(주관적 가상 神, 미신 神, 가상의 神)이라고 한다. 엘로힘을 한문에서 神이라고 하므로 神(귀신, 잡신, 졸개 신)이라고 한다. 단군神話의 신칭 하나님은 神話의 神이므로 우상 神, 神話의 神이라고 한다. 천부경에 하나님은 한민족이 수천 년 섬기던 神이므로 미신 神이라고 한다. 미신(迷信)이란? 과학적 근거가 없고, 합리적이지 않다. 그럼에도 사람들이 쇠탄의 미혹을 받아 신앙의 대상을 만들어 초월적인 능력으로 축복을 주고, 불행과 저주를 내린다고 맹목적으로 믿는 가상(假像 - 실물처럼 보이는 거짓현상)의 神, 주관적 가상 神이다. 한글 성경에서 하나님도 주관적 가상의 神이지 유일하신 창조주가 될 수 없다.》

우상의 이름을 부르면 죽습니다(레 24:16, 신 18:20, 수 23:7, 시 16:4, 마 12:31, 계 21:8, 계 22:18-19). '만일 어떤 선지자가 내가 전하라고 명령하지 아니한 말을 제 마음대로 내 이름으로 전하든지 다른 신들의 이름으로 말하면 그 선지자는 죽임을 당하리라'(신 18:20)고 하셨습니다.

'에하흐의 이름을 모독하면 그를 반드시(죽이고) 죽일지니 온 회중이 돌로 그를 칠 것 이니라 거류민이든지 본토인이든지 에하흐의 이름을 모독하면 그를 죽일지니라.'(레 24:16)고 하셨습니다.

단군신화우상 하나님, 미신 하나님, 존 로스가 만들어낸 주관적 가상 神, 미신 神은 창조주 엘로힘이 아니다. 만약 창조주와 유일하신 분으로 믿으라고 말하는 자는 영적 맹인이요. 거짓목회자요, 삯꾼이라고 하셨습니다(마 7:15, 고후 11:13-15, 마 15:14, 마 23:1-39, 빌 3:2, 사 56:10).

개인의 견해와 추정, 주관적 사상은 사실과 본질이 아닙니다. 사실(Fact)은 증거에 의해 증명될 수 있으며, 누가 관찰하더라도 변하지 않는 객관적 진실입니다.(예 1+1=2이다) 반면 견해(Opinion)는 사실에 대한 개인의 해석, 감정, 가치 판단이 개입된 결과물입니다.(예 1+1=1이 될 수 있다)

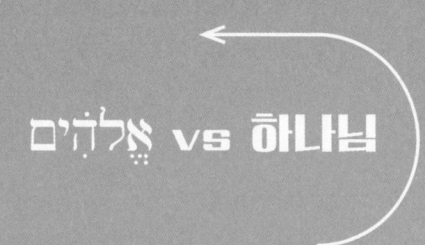

אֱלֹהִים vs 하나님

■목차

1.

한국 기독교에서 사용하고 있는
하나님이라는 호칭의 유래

한국 교단에서 사용하고 있는 '하나님'이라는 호칭의 유래는 다음과 같습니다.

1. '하느님'에서 '하나님'으로의 변화

원래 한국어에는 기독교의 신을 지칭하는 고유한 단어가 없었습니다. 19세기 말, 성경이 한국어로 번역되는 과정에서 스코틀랜드 선교사 존 로스는 평안도 방언에서 '하늘'과 존칭 접미사 '님'이 결합한 '하느님'이라는 단어가 기독교의 유일신을 나타내는 데 가장 적합하다고 보았습니다.

최초의 한국어 성경인 《예수셩교 누가복음젼셔》(1882년)에도 '하느님'이라는 표기가 사용되었습니다. 하지만 서북 지역(평안도 등)의 개신교 신자들은 '하느님'을 '하나님'이라고 발음하는 경향이 있었고, 이러한 발음이 점차 표준처럼 굳어졌습니다.

개신교에서는 '하나' 즉 '유일하신 분'이라는 신앙 고백적인 의미를 담아 '하나님'이라는 호칭을 선호하기도 했습니다.

2. 교단별 사용

오늘날 한국 개신교 대부분의 교단에서는 '하나님'이라는 호칭을 공식적으로 사용하고 있습니다.

반면, 천주교, 정교회, 성공회 등에서는 전통적으로 '하느님'이라는 용어를 사용합니다. 이는 초기 천주교 선교 과정에서 '천주(天主)'라는 용어를 사용했고, 이것이 순우리말 표현인 '하느님'으로 이어져 왔기 때문입니다.

《공동번역 성서》(1977년)와 같이 교파 간의 협력을 통해 번역된 성경에서는 '하느님'으로 통일하여 사용하기도 합니다.

3. 어원 논쟁

'하나님'의 어원에 대해서는 여러 의견이 있습니다.

앞서 언급된 것처럼 '하늘'과 '님'의 합성어로 보는 견해가 일반적입니다. 일부에서는 고대 한국어의 '하나'(크다, 유일하다는 의미)에 '님'이 붙었다고 주장하기도 합니다. 민간 신앙에서 숭배하던 존재를 지칭하던 '하느님'이라는 용어가 기독교의 신을 지칭하는 데 차용되었다는 견해도 있습니다.

결론적으로 한국 교단에서 현재 널리 쓰이는 '하나님'이라는 호칭은 초기 성경 번역 과정에서 '하느님'이라는 용어가 사용된 이후, 방언과 신앙적 의미 부여를 거쳐 개신교를 중심으로 정착된 것으로 볼 수 있습니다. 각 교단은 역사적, 신학적 배경에 따라 '하나님' 또는 '하느님'이라는 용어를 사용하고 있습니다.[01]

2.

성경에 하나님의 명칭이
토속문화 한민족 우상의 신칭, 반증

개신교 하나+님의 명칭의 유래는 아래 요약 논문을 참조하라.

하나님은 보통 유신론에서 최고 절대자이며 창조신(God)을 지칭할 때 한국 개신교에서 주로 사용되는 용어입니다. 다른 형태의 동의어에 대해서는 하느님 문서를 참조하십시오. 이슬람교의 하느님에 대해서는 알라 문서를 참고하십시오.

하나님은 아브라함계 종교의 유일신을 나타내는 단어 중 하나로 성공회를 제외한 개신교[02], 예수 그리스도 후기성도 교회 및 이슬람교에서 그들의 신을 일컫는 데 사용하는 용어이다. 하나님의 어원은 19세기 말 평안도 방언 '하늘'과 '님'의 합성어, '하ᄂ님'이다. 한 동안 하느님만이 표준어로 인정받았지만 현재 하나님은 '개신교에서 하느님을 이르는 말'이 표준어로 쓰이고 있다. _출처 위키백과

하나님은 절대적 최고의 신(God), 만물의 창조주 등을 일컫는다. 대한민국에서 하나님이라는 용어를 하느님의 2번째 의미와 같은 용어로 개신교에서 사용하고 있다.[03]

① 반증(反證)

최고의 창조의 신인 God(최고의 존재, 신, 조물주, 창조주, 창조신, 하느님, 하나님을 서울대 배철원 종교학교수는 "샤먼(shaman, 무당(巫堂))의 신주를 받는 존재" 라고 함)의 의미를 이브리어 엘로힘, 엘, 루하 엘로힘, 에하흐 엘로힘, 아도나이에서 찾아 볼 수가 없다.

* רוּחַ (7307, 루아흐 - 영, 숨, 바람)를 사전에서는 '루아흐'라고 하였으나 바브 ו 에 모음은 슈렉(ㅜ)이다. 헤트 ח 모음은 파타흐(ㅏ)이다. 바브에 슈렉(ㅜ)을 레소 ר 에서 가져가므로 바브는 무음이다. 그러므로 '루하'가 마소라 모음 표기이다. 필자는 발견하지 못 할 때에는 지나칠 수 있지만 발견하면 즉시 수정(修正)한다.

한민족의 신칭인 우상의 하나님(하늘님, 하느님)은 천지만물의 창조주의 칭호인 엘로힘 אֱלֹהִים이 아니다. 천지만물의 창조주는 엘로힘 אֱלֹהִים이시다(창1:1). 루하 엘로힘이시다(창 1:2). 에하흐 엘로힘이시다(창 2:4). 엘로힘과 예슈아이시다(요 1:1-2, 잠 8:22-31). 한민족의 신칭인 하나님(주관적 가상 神)은 창조주 엘로힘과 능력의 엘로힘이 아니라는 것이 팩트이다. 존 로스와 성경 번역자들은 이 바운더리를 파괴(破壞 - 때려 부수거나 깨뜨려 헐어버림)하고 우상 하나님을 성경에 표기(明記 - 분명히 기록함)하여 모든 목회자들과 성도들에게 우상의 이름을 성경의 참 하나님으로 믿고 섬기고 부르게 하였다. 현대판 아하론(아론)과 여로보암(야로브암)이다. 신생 선교국에 복음을 전한 선교사들이 모두 영어 문화권인 유럽(신부, 목사)과 미국 선교사들이었다. 그러므로 이브리어 원어 텍스트가 아니다. 영어를 기본으로 하여 선교국의 토착문화의 무속(巫俗)신(神)의 명칭으로 성경에 표기하였다는 것이 사실이다.

한국은 "하느님"(하늘 heaven + 님 prince, 하늘의 神), "하나님"(미신 神, 주관적 가상 神), 중국은 "상제"(上帝-하늘에 계신 임금), "천주"(天主-하늘의 주인), 일본은 "神樣"("かみさま 카미사마"-귀신(鬼神)은 신성한 존재), 영어는(God-최고의 존재, 신(神), 인도는 빠르메슈와르(Parameshwara. 힌두교의 "최고의 신" 또는 "최고의 주"), 러시아는 바가 Бага(Baga.신은 위대함과 권위, 신성한 존재, 힌두교 "바가반"에서 유래), 고스포드(Господь(Gospod) 주님, 주), 동방 정교회에서는(하나님 Theosis-신선함), 캄보디아는(프레아 치압부(ព្រះជាម្ចាស់) 신(神), 주, 주님), 몽골에 "보르항"(Burkhan, Бурхан, 신, 부처님, 몽골 인들이 오랫동안 최고의 신으로 믿어온 명칭), 터키에 "탄르"(Tanrı, 하늘의 신, 천신(天神), 투르크족의 전통 신앙 '텡그리'(Tengri, 하늘을 다스리는 최고신)에서 유래함, 일반적인 신 또는 알라(Allah)를 지칭하기도 함), 베트남에 "쭈어"(Chúa, 신, 지배자, 주인), 말레이시아에 "알라"(Allah, الله, 이슬람교의 신(神) '알라'을 사용하므로 종교적 갈등을 격고 있다. 2014년 말레이시아 연방법원은 기독교 매체인 헤럴드(Herald Malaysia)의 소송에서 이슬람교의 신(神) '알라'를 기독교의 하나님 이름으로 사용할 수 없다는 판결을 내림), 싱가포르에서는 영어로 (God), 중국어로 '上帝'(Shàngdì), '神'(Shén), 말레이어로 '투한'(Tuhan, 절대적인 존재, 창조주, 신, '투한'은 기독교와 이슬람교가 같이 사용함), 필리핀에서는 "바탈라"(Bathala, 신, 창조주, 주권자, 필리핀의 토착 신), "디요스"(Diyos, 신, 하나님), "팡이눈"(Panginoon, 주님, 주인, 필리핀에서는 기독교와 가톨릭이 같이 사용함)으로 표기하였다.

각 국가의 토속문화의 가장 큰 신, 대신(大神 - 원시종교나 신화의 큰 귀신(鬼神), 무서운 귀신(鬼神))으로 번역들을 하였다. 이것이 타락한 인본주의자들의 선교방법이었다는 증거이다. 이것은 영이신 아버지, 전능하신 아버지의 말씀을 불순종한 죄이다. 영어권 선교사들이 이브리어 원어 텍스트로 번역하지 않았다. 한국, 영어권, 일본, 중국, 러시아, 인도, 캄보디아 등에서 토속문화를 받아들여 토속문화의 신들을 창조주 유일신으로 믿게 하였다는 확실한 팩트의 증거들이다. 각국어로 성경을 번역하는 초기(初期)부터 토속문화의 신(神)칭으로 번역한 것이 21세기 오늘날까지 이어져 오고 있다. 이래도 신학적으로, 선교학적으로 문제가 없다고 하시겠습니까? 더 이상 미신 神인 "하나님"(주관적 가상 神, 미신 神)을 믿거나 불러서는 안 된다는 분명한 이유이다.

대한민국의 프로테스탄트들이 일어나서 신구약 성경을 창조주 "엘로힘"으로 통일시키는 대 개혁운동을 일으켜야 한다. 우리는 143년 전부터 아버지는 토속문화의 신(神) 우상 "하나+님"을 아버지로, 우상의 아들은 "예수 크리스토스"라고 믿고 가르쳤다. 충격적이지 않습니까? 이제는 이브리어 원어 텍스트에서 알려주신 특정된 고유명사 엘로힘(만능들)의 이름을 믿고, 섬기며 불러야 한다.

143년 동안 토속문화와 샤머니즘의 영향 속에서 형성된 한민족의 "하나+님"은 창조주가 아니다. 우상 "하나+님"이다. "예슈아"의 아버지는 성령님이시다(창 3:15, 마 1:20, 눅 1:31-38). 그런데 예슈아를 우상하나님의 아들이라고 가르쳐 왔다. 이 웃지 못 할 일을 한국교회에서 철저하게 지켜오고 있다. 필자가 일본, 중국, 인도, 러시아선교사들에게 알아본 결과 각 국가의 토속문화의 최고의 신(神)의 명칭들을 사용하고 있다는 것을 확인하였다. 이브리어 원어 텍스트 고유명사 엘로힘, 엘을 사용하지 않는다는 것과 모르고 있다는 것도 확증되었다.

한국의 개신교회에서도 이브리어 원어 텍스트 고유명사 엘로힘, 엘이 한글성경에서 사라진 것을 전혀 모르고 있었고 관심도 없었다는 것을 알게 된 것도 사실이다. 모 신학대학교 대학원 교수는 필자의 질문에 신학적으로 문제가 없다고 하였다. 이것이 한국교계와 세계교계의 현실이기에 본서가 한국교계와 세계교계에 미칠 엄청난 파장을 짐작할 만하다. 그러나 아닌 것은 아니다. 사실은 사실이다. 이에서 더하는 것은 사악한 것이라고 예슈아께서 말씀하셨다(마 5:37).

그동안 우리가 믿었던 그 하나님(하늘 heaven + 님 prince, 주관적 가상 神)께서 한민족의 신칭인 하나님, 우상하나님 이었다면 믿으시겠습니까? 그러나 사실입니다. 그러므로 한글성경에서 유일한 창조주 엘로힘으로, 제사(祭祀 - 신령이나 죽은 사람의 넋에게 음식을 바쳐 정성을 나타냄. 또는 그 의식)는 희생물, 또는 제바흐로, 한자성경에 귀신(鬼神 - ① 죽은 사람의 넋. ② 미신에서, 사람에게 화복(禍福)을 준다는 신령) 신(神)자는 루하, 또는 영으로(영, 숨, 호흡, 바람, 생명), 프뉴마, 또는 영으로(영, 바람, 호흡, 생명)로, 제사장(祭司長)은 코헨(코헨 - 주요공직자 혹은 우두머리 통치자)으로만 개정해도 전혀 새로운 성경이 될 것이다.

오류가 없는 성경은 이브리어 원어원본 텍스트이다. 그 이브리어 원어원본 텍스트가 없기에 발굴된 사본들을 모아서 검증에 검증을 거쳐 정경으로 채택하였다. 그러나 각 국가에서 검증의 과정을 거친 그 사본들을 중심으로 성경을 번역한다. 어떤 사본을 채택하여 각국 어로 성경을 번역하느냐도 중요하다. 더 중요한 것은 각 나라의 토속 문화의 영향이 반영되지 않아야 한다. 토속문화의 영향이 반영한 그 성경은 정경의 생명을 잃어버린다. 각 나라마다 토속문화들이 다 있고 섬기던 신(神)들이 다 있다. 토속문화를 성경에 반영한 것은 쇠탄의 미혹에 빠진 것이다.

당시 존 로스와 성경 번역자들이 이브리어와 헬라어를 몰랐다 할지라도 그것을 합리화할 수는 없다. 사람이 독약인지 모르고 먹어도 죽는다. 가장 중요한 것은 "한민족이 수천 년 섬기던 미신 하늘+님"을 마치 신구약 원어 텍스트의 진짜 "하나님"처럼 성경에 표기한 죄가 크다. 알면서 지키지 않는 자의 죄는 사함을 받지 못한다고 하셨다(눅 12:47, 히 6:4-8, 히 10:26-29, 벧후 2:21-22, 민 15:30).

'26 우리가 진리를 아는 지식을 받은 후 짐짓 죄를 범한즉 다시 속죄하는 희생물이 없고 27 오직 무서운 마음으로 심판을 기다리는 것과 대적하는 자를 태울 맹렬한 불만 있으리라 28 모세의 법을 폐한 자도 두세 증인으로 말미암아 불쌍히 여김을 받지 못하고 죽었거든 29 하물며 전능하신 자의 아들을 짓밟고 자기를 거룩하게 한 언약의 피를 부정한 것으로 여기고 은혜의 성령을 욕되게 하는 자가 당연히 받을 형벌은 얼마나 더 무겁겠느냐 너희는 생각하라'(히 10:26-29)고 하셨다. '그런 사람은 에하흐의 말씀을 멸시(바자 - 경멸하다, 멸시하다, 업신여기다, 모욕하다)하고 그의 명령을 파괴(파라르 - 깨뜨리다, 쳐부수다, 헛되게 하다, 실패시키다)하였은즉 그의 죄악(아온 - 불법, 부정, 죄악, 사악, 유죄, 죄의 벌(징계)이 자기에게로 돌아가서 언약에서 잘라내고(카라트 - 잘라내다, 베어 넘기다, 언약을 자르다)잘라낸다(카라트)'(민 15:31)고 하셨다. 전능하신 아버지의 말씀의 본질과 팩트에서 벗어나면 그것이 곧 죄이다(마 5:37, 수 1:7). 옳다. 아니라하고 좌로나 우로나 치우치지 말고 말씀을 되새김질하며 말씀을 지키라는 것이다.

죄는 솨탄, 마귀의 본질이다. 전능하신 아버지께서 가장 무섭게 심판하시는 것이 우상숭배이다(출 2:1-7). 우상숭배는 전능하신 아버지를 불신한 최악의 죄이다(민 25:7-8,1~18). 그러므로 둘째 사망 불 유황지옥에 들어가는 죄악이다(계 21:8). 그리고 영이신 아버지의 이름을 모욕하고 저주하는 자를 죽이고(육) 죽이신다(영, 영혼)고 하셨다(레 24:14-16,11-16). 무서운 팩트의 말씀들이다.

하나님(하늘 heaven + 님 prince, 주관적 가상 神)이라는 명칭은 신구약 원어 텍스트에 단 1회도 나오지 않는다는 것도 팩트이다. 한민족이 수천 년 불러오던 신칭의 하늘님, 하느님, 하나님을 성경에 유일하신 하나님(하늘 heaven + 님 prince, 주관적 가상 神)이라고 표기하였다는 것도 팩트이다. 영이신 아버지 루하(창1:2)께서 어떤 분이신지를 설명하는 칭호들의 의미를 1883년 10월에 파괴해 버렸다. 143년 동안 한국 개신교회는 우상하나님, 귀신하나님, (하늘 heaven + 님 prince, 주관적 가상 神)

을 유일하신 하나님 아버지로 믿고 섬기고 있다. 신구약에 유일한 창조주 엘로힘으로 표기해야 한다.

한 사람 아론(아하론, 출 32:4-5,1-32)과 여로보암(야로브암)이 벧엘(베트엘)과 단에 두 금송아지 우상을 만들어 놓고 이집트에서 구원하여 내신 엘로힘(신들)이라고 한 것과 같다(왕상 12:25-33). 지금 한국교회가 하나님(주관적 가상 神)을 반대, 거부하지 않고 이 일에 동조하고 머뭇거리면서 우상 숭배하는 죄를 짓고 있다(왕상 18:21, 수 24:15).

존 로스가 한국교회에 준 긍정적 영향력이 많다. 그러나 다른 것도 아니고 영이신 아버지, 엘로힘 아버지의 이름을 한민족 신인 하늘님(heaven + prince = 주관적 가상 神)으로 바꿔 버린 것은 영적인 음행 죄이다(민 25:1~18, 민 31:16, 신 32:17, 수 22:16-19, 시 115:4-8, 렘 10:8-10, 고전 10:20, 계 2:14). 존 로스는 유일하시고 창조주이신 '엘로힘'을 미신 神, 주관적 가상 神, 잡신, 졸개 神으로 만들어 버린 죄인이다. 본질을 바꿔버린 죄악이므로 엘로힘 아버지의 심판을 피할 수 없다. 21세기인 지금도 한민족의 신칭을 그대로 표기하고 있다는데 경악하지 않을 수 없다. 영이신 아버지, 엘로힘 아버지께서 용납하실까? 길이요 진리요 생명이신 예슈아께 용서를 받으려면 회심하고 돌이켜야 한다. 성경다운 성경, 영이신 아버지의 말씀으로서의 성경을 개정하는 일이 가장 시급한 일이다.

존 로스가 1883년 10월 당시의 문맹률이 약 90% 였다는 상황("2천만 국민 중 80~90%가 문맹자였던 1920년대, 1928년 3월 16일자 「동아일보」에는 어찌하면 우리는 하루 바삐 이 무식의 지옥에서 벗어날까.")이라고 하자. 그렇다면 상황신학이 된다. 상황신학은 비 복음이다. 다니엘과 하나냐와 미사엘과 아사랴는 포로의 상황이었다. 느부갓네살 왕과 다리오 왕에게 총애를 받았고 관직의 고위층과 총리들 중에 한명이었다. 성공한 엘리트들이었다. 그러나 이들은 에하흐 엘로힘의 말씀에 생명을 걸고 이스라엘 국권회복을 위한기도와 우상숭배를 하지 않았다(단 3:16-18,1-30, 단 6:10-17,1-28).

이브라이우스(히) 11장을 읽어보라. 전능하신 아버지를 믿는 사람들은 타협하지 않는다. 존 로스는 타협하였다. 토속문화를 받아들였다. 그리고 존 로스가 고안하여 '하나님'(잡신, 잡귀)이라는 신(神)을 만들어 성경에 1883년 10월 누가복음이 표기하였다. 이것이 죄이다. 이브리어 '엘로힘'은 특정된 고유명사 이름이다. '하나님'은 존 로스가 만든 주관적 가상 神, 잡신, 졸개 神이다. 당시 구약 원어 텍스트가 아닌 영어성경 God으로 한글성경을 번역하였다고 할지라도 인본주의 합리화이다. God만 있는 것이 아니라 Elohim도 있었다. Elohim은 이브리어 엘로힘 곧 만능들이시다는 의미이다. 토속문화신학과 상황신학은 인본주의 타락의 신학이다. 루하 엘로힘 아버지의 말씀을 저버리고 인본주의 상황에 맞추는 것은 하타 죄를 범하는 것이다. 하타 죄는 하부하(하와)와 아담이 저지른 죄이다(창 3:4-6, 롬 5:12,14, 하마르티아 이브리어 역어는 하타이다). 하타 죄는 원죄이다.

하타 죄 간략해설

뱀(쇠탄, 마귀, 계 12:9)의 거짓말을 받아들여 만능의 힘과 생명의 유월절 어린양을 놓아버린 죄이다.

그 결과는 죽고 또 죽는 저주를 받았다. 해산의 고통과 가시덤불과 엉경퀴는 죽고 또 죽는 저주와 비교도 안 된다(창 2:17, 창 3:19,24). 루하 엘로힘 아버지께서는 두 가지의 죽음을 모세에게 알려주셨다. 그런데 성경 번역자들이 한 번의 죽음만 기록하였다. 왜 이렇게 중요한 내용들을 빼버리고 번역을 할까 이해가 안 된다.

존 로스와 스코틀랜드 선교국은 이 책임을 통감하고 거룩한 영의 말씀인 성경70권(시편을 5권으로)을 파괴한 것을 회심하고 한국교회에 사과문을 발표해야 한다. 한국 개신교회를 영이신 아버지 론(論)을 망쳐놓은 이 책임을 어떻게든 져야 한다. 존 로스와 성경 번역자들은 우상 신칭의 하나님은 창조주 엘로힘이 아니다. 존 로스는 비 복음을 전파한 거짓선교사요. 거짓목회자이다. 생명의 진리를 사모하는 지식 있는 목회자들과 신학생들과 성도들이 일어나야 한다. 언제까지 창조주 엘로힘이 아닌 미신하나님을 믿고 부를 것인가? 존 로스가 만들어낸 하나님은 창조주 엘로힘이 아니다. 현재 한글성경은 영이신 아버지의 말씀이라고 할 수 있을지 의문이다(출 20:7). 허망하고 거짓된 '쇠브'의 도서이다(출 20:7).

일반적으로 세상을 창조한 창조주를 지칭하는 말로서, 유대교에서
는 유일신은(여호와는) 성부 하느님만을 가리키는 반면, 현대의 개신교
에서 하나님은 성부 하나님, 성자 예수, 성령 보혜사 이 셋을 가리킨
다. 그러므로 한국이슬람교의 코란 해설본에서도 알라를 "하나님"으
로 호칭하고 있다.[04] 그러나 이슬람에서는 오로지 아랍어로 쓰인 '꾸
란'만을 인정하므로, 한국에 이슬람교에서 '하나님'은 영어의 'God'에
해당하는 한국 교계의 호칭이다.[05] 이와 비슷한 양상으로 이집트, 레
바논, 이라크, 인도네시아 등에서 쓰이는 "알라"라는 표기는 이슬람
탄생 이전부터 쓰여왔던 용어이자 기독교에서의 신을 지칭하기도 한
다.[06]

하나님이라고 번역되는 히브리어 단어로는 엘로힘(אלהים)이 있다. 이
를 한자어 천주(天主)로 번역하고, 다시 근대 한국어 "하나님"으로 번
역한 것이다.

② 반증(反證)

"현대의 개신교에서 하나님은 성부 하나님, 성자 예수, 성령 보혜사
이 셋을 가리킨다."고 하였다. 삼위일체는 성경적인가? 아니면 신학

설인가? 성경적이라는 것은 영이신 아버지로부터 시작한다. 신학 설은 타락한 인간으로부터 시작한다... 나중에 해설해야할 큰 주제이다.

우리의 신앙과 행위는 오직 성경이다. 전능하신 아버지로부터 시작하는 것이다. 오직 성경이다. 이브리어 עִבְרִית를 영어로 Hebrew이라고 하였지만 아니다. Ebrew라고 해야 한다. 히브리어라고 하려면 아인 ע이 아니라 헤이 ה와 헤트 ח 중에 하나가 들어가야 한다. 영어와 한문이 신구약 원어 텍스트의 원뜻을 파괴한 곳이 너무 많다. 차치(且置) 하더라도 영이신 아버지 루하가 어떤 분이신가는 설명해 주는 칭호들의 본질을 파괴하였다는 것이 팩트이다. 이브리어 엘로힘에는 하나님(단군신화 우상 신칭)이라는 뜻이 전혀 없다. 루하 엘로힘은 '영은 만능들이시다'라는 의미이다. 성경에 표기한 토속문화 한민족의 우상하나님은 여러 번의 변천의 과정을 거쳤다고 한다. 상제(上帝) ⇨ 천주(天主) ⇨ 하느님 ⇨ 하늘님 ⇨ 하얼님 ⇨ 하나님으로 결정되어 사용하고 있다. 신구약 원어 텍스트(엘로힘, 루하 엘로힘, 에하흐 엘로힘, 엘, 루하 카다쉬 아브, 엘로힘(만능들), 예슈아 크리스토스, 프뉴마, 하기오스 프뉴마 파테르)는 확정(確定)이지 변천(變遷)의 과정을 거치지 않는다. 이 원칙이 깨어지면 신구약 원어 텍스트의 생명을 잃게 된다.

영이신 아버지, 전능하신 아버지의 이름과 칭호들은 성경의 핵심이다. 그러므로 견고하게 흔들림 없이 지켜져야 한다. 에하흐 엘로힘께서 모세에게 주신 상형문자가 근대 이브리어로 변천하였으나 상형문자의 의미는 여전히 동일하다. 한민족의 신칭인이 하나님(단군신화 우상 신칭)은 기독교의 유일하신 창조주 에하흐와 엘로힘이 아니다. 우리 개신교에서는 유일하신 하나님(하늘 heaven + 님 prince, 주관적 가상 神)으로 믿고 불러도 신구약 원어 텍스트에 없다는 것이 팩트이다. 금송아지를 에하흐 엘로힘으로 섬기는 것과 같다. 그러므로 당장 사용을 금지해야 한다.

지금 당장 우리 한국교회 목회자들과 성도들이 해야 할 일은 가지고 있는 신구약 성경과 찬송가에서 '하나님'을 모두 지우고 '엘로힘'으로 표기해야 한다. 그리고 엘로힘 아버지, 아버지 엘로힘~~, 영이신 아버지~~라고 계속 연습해야 한다. 여전히 "하나님 아버지"라고 부르고 기도하는 당신은 미신 숭배자요. 우상 숭배자이다. 존 로스가 만든 미신 神, 주관적 가상 神, 하나님은 잡신(雜神)들과 잡귀(雜鬼)들과 졸개 신(神)들이다. 잡신들과 잡귀들과 졸개 신들을 창조주와 유일신으로 143년간 믿고 섬기며 복과 능력을 달라고 하였다. 쇠탄 마귀가 얼마나 비웃었겠는가. 그 능력과 복이 루하 엘로힘 아브께서 주셨는지 의심하지 않을 수 없다. 열매로 드러나는 날이 반드시 온다. 헬라신화의 데오스 θεός는 하위 신이다. 이런 잡귀들, 귀신 졸개들을 아버지와 전능자라고 믿고 불렀던 것을 필자는 억울하고 분통이 터진다. 이것을 모르고 필자를 공격하는 목회자들이 있다. 선지식이므로 이해는 하지만 존 로스가 만든 하나님이 주관적 가상 神이라는 것은 사실이다(갈 1:7-9).

성경에 유일하신 분은 엘로힘, 루바흐 엘로힘, 에하흐 엘로힘이시다고 하였다. 이 이름들은 영원한 이름들이요, 대대로 기억할 나의 칭호라고 하셨다(신 6:4, 막 12:29, 요 8:41, 요 17:3, 고전 8:4, 딤전 2:5, 약 2:19, 유 1:4, 출 3:15, 사 44:6). 신구약 원어 텍스트에서는 하나님이라는 이름을 찾아 볼 수가 없다. 한글성경에 있는데 한민족이 수천 년 믿고 섬기고 있는 단군신화의 '미신 신칭', '우상 신칭', 주관적 가상 神이다.

한글성경, 영어성경, 한문성경, 일어성경, 러시아성경, 인도성경, 캄보디아성경 등은 이브리어 원어 텍스트의 엘로힘으로 번역하지 않았다. 토속문화의 영향이다. 한글성경에 엘로힘을 하나님으로 번역한 자들은 회심하여 용서를 구함으로 루하 엘로힘의 진노하심을 풀어드려야 한다. 엘로힘은 한글번역 하나님이 아니다. 엘로힘과 엘은 영어 "God", "god"도 아니라는 것도 팩트이다. 엘로힘과 엘은 중국의 "上帝" shàngdì. "天主" tiānzhǔ. "天父" tiānfù, "主" zhǔ도 아니라는 것도 팩트이다. 일본의 "카미사마", 인도의 "빠르메 슈와르", 러시아의 "바가", 캄보디아의 "프레아 치압부"등도 아니라는 것도 사실이다. 성경을 이렇게 번역한 사람들의 죄를 찾으실 것이다 (신 4:2, 잠 30:6, 계 22:18-19).

예슈아께서 '오직 너희 말은 옳다 옳다, 아니라 아니라 하라 이에서 지나는 것은 악으로 부터 나느니라'(마 5:37)고 하셨다. 필자는 이 말씀을 참 좋아한다. 기독교의 생명이 무엇인가? 잘못된 것, 그릇된 것을 아니다 라고 말하고 올바르게 가르치는 것이다. 이것이 마태복음 5:37절의 핵심이다. 이것을 하지 않는 것이 곧 사악한 것이라고 예슈아 크리스토스께서 말씀하셨다. 오래전부터 대부분 한국교회는 이 복음의 생명을 잃어버렸다. 필자가 전하는 이 복음을 들은 목회자들이 공감을 하면서도 엘로힘의 이름 부르기를 꺼려하고 있다는 것이 그 증거이다(딤후 4:1-4, 요 3:19-21, 살후 2:11-12). 이 사람들은 토하여 버림을 당한다(계 3:16, 출 32:33).

'예장 호원총회' 총회장, '사단법인 한국기독교단체연합' 대표이사장, 안산시기독교총연합회 상임부회장과 팔복교회 담임목자이신 현베드로목자께서는 필자의 사역을 적극적으로 지지하며 여러모로 도움을 주며 함께 동역하고 있다. 그리고 필자의 사역을 위하여 적극적인 기도와 권면으로 후원하는 동역자들이 있다.

2025년 11월 17일 '사단법인 한국기독교단체연합' 주최 '국가오찬기도회'에서 필자가 전하는 말씀을 듣고 정주갑목자(300용사부흥단 대표총재)는 즉시 성령님의 감동을 받았다. 정주갑목자(전 세계 300개 지부의 대표총재)와 필자와는 처음(2025.11.17.) 만났다. 동일(同日) 정주갑목자가 21시46분경에 필자에게 전화를 하여 '엘로힘을 아버지'라고 하면 되느냐고 하여 '네' 라고 답하였다. 이브리어 원어로 '엘로힘'을 증명할 만한 간단한 자료를 요청하여 동일 23시 38분에 보내드렸다. 2025년 11월 24일 300용사부흥단 집회에 필자를 초청하여 참석하였는데 정주갑목자는 '엘로힘 아버지'라고 말씀을 선포하고 있었다. 정주갑목자를 알아보니 대단한 인물이었다. 정주갑목자는 진리의 말씀을 사모하는 목자이다. 2025년 12월 5일 모처에서 3번째 만났는데 '엘로힘'과 '엘로힘 아버지'라고 하는 것을 자연스럽게 사용한다고 하면서 찬송가도 '엘로힘'으로 부른다고 하였다. 한국교계는 성경진리를 말하지만 성경진리를 정주갑목자처럼 사모하는 자는 오밀의 금과 같이 찾아보기 힘들다.

루하 엘로힘 아버지!!~~ '바알에게 무릎을 꿇지 아니하고 다 바알에게 입 맞추지 아니한 자 칠천 명'을 일으켜 주시옵소서(왕상 19:18), 붙여 주시옵소서!!~~ 이 대개혁은 반드시 승리한다(왕상 22:5-34, 400대1, 왕상 18:19,21,16-40, 850대1).

유래

한국에서 이 용어가 처음 사용된 것은 존 로스가 번역한 최초의 한국어 성경 《예수성교 누가복음전서》이다. 존 로스 목사는 당시의 선교 보고서에서, "하늘"(heaven)과 "님"(prince)의 합성어인 "하느님"이 가장 적합한 번역어일 것이라고 보고했다. 예수성교 누가복음전서의 1882년판에는 "하느님"이라는 용어를 사용하였으나, 이 성경전서의 1883년본에는 "……두사람이 하나님의 압페서 올은쟈라……"라는 문구가 있다.[07]

현대 한국어에서 아래아가 제외됨으로써 "하나님"으로 불리게 되었으며 아래아가 현대화 되면서 바뀌는 모음은 'ㅡ'나 'ㅏ'뿐 아니라 'ㅓ' 등 다양하다(→아래아). 현대의 민속 종교에서도 "하나님", "하느님" 혼용으로 읽는다.[08] 한국의 개신교에서는 "하나", 곧 "유일하신 분"이라는 신앙고백적 의미까지 담아서 "하나님"으로 이해하기도 하지만, 실제로 하나님이라는 말은 "하나"라는 숫자를 나타내는 수 관형사에 "님"을 붙인 것은 아니다.[09]

초기 개신교에서는 상제, 천주, 하느님, 하나님 등 다양한 용어를 사용했으나 개역성서를 번역하여 펴내는 과정에서 아래아(·)를 홀소리 'ㅏ'로 일괄적으로 변경하면서 '하나님'이란 호칭을 쓰기 시작했다.

이를 1970년대 표준어로 번역한 1977년《공동번역 성서》에서 당시 표준어였던 '하느님'으로 표기하였다. 개신교와 천주교가 함께 번역한 현대어 번역 성서에 신의 호칭으로 '하느님'을 표준으로 삼으려 했다. 그러나 대부분 개신교 교파가 하나님이라는 표기를 고수하였고, 호칭의 문제 등으로 개신교 교단 전반에서《공동번역 성서》는 교육용 성경으로 활용되고 기존의 '개역성경전서'를 예배용 성경으로 유지하였다.

정중호 계명대 기독교학과 교수는 이에 대해 "하나님"이란 명칭이 유일신의 의미가 강한데다 하나님이라 부르던 기존 습관을 바꾸기 힘들었을 것"이라고 분석했다.

《공동번역 성서》를 예배용 성경으로 수용한 교단인 천주교와 정교회, 성공회에서는 '하느님'으로 표기한다. 상제(上帝)는 '하나님'의 한자식 표기이다.[10]

③ 반증(反證)

"현대의 민속 종교에서도 "하나님", "하느님" 혼용으로 읽는다."[11]고 하였다.

미주8을 보라. "전무용, 〈이 땅에 처음 비추어진 복음의 빛〉,《성서한국》 2007년 여름호, 통권 제53권 2호, 대한성서공회(웹 버전 Archived 2013년 12월 3일 - 웨이백 머신). 로스 목사는 당시의 선교 보고서에서, "하늘"(heaven)과 "님"(prince)의 합성어인 "하느님"이 가장 적합한 번역어일 것이라고 보고 하였다고 하였으나 존 로스가 만든 미신 神, 주관적 가상 神이다.

"하늘"(heaven)과 "님"(prince)의 합성어인 "하느+님", 주관적 가상 神은 신구약 원어 텍스트에 없다. 토속문화의 한민족이 수천 년 부르던 하늘님(우상 神)이다. '하나님'은 존 로스가 만든 주관적 가상 神이다. "한국의 개신교에서는 "하나", 곧 "유일하신 분"이라는 신앙 고백적 의미까지 담아서 "하나님"으로 이해하기도 하지만, 실제로 하나님이라는 말은 "하나"라는 숫자를 나타내는 수 관형사에 "님"을 붙인 것은 아니다." [09]라고 명백하게 증명하고 있다.

이렇게 명백한 팩트를 부인한다면 방법이 없다. 어느 시대나 한 사람의 외침이 나라를 살리기도 하였고 죽이기도 하였다(히 11:32,17-38, 계 12:11, 계 20:4). 필자는 바울처럼(행 20:23-24), 미가야처럼(왕상 22:8-35), 예레미야처럼(렘 1:6-7), 엘리야처럼(왕상 18:21,17-40) 생명 걸고 팩트의 진리를 전파하여 외칠 것이다. '내가 또 너를 이방의 빛으로 삼아 나의 구원을 베풀어서 땅 끝까지 이르게 하리라'(사 49:6, 행 13:47)고 하였다. '그 눈을 뜨게 하여 어둠에서 빛으로, 사탄의 권세에서 엘로힘께로 돌아오게 하고 죄 사함과 나를 믿어 거룩하게 된 무리 가운데서 기업을 얻게 하리라(행 26:18)고 하였다. 영이신 아버지께서 43년 전에 필자에게 주신 말씀들이다. 이 말씀이 늘 마음에 남아 있었다. 이제야 알 것 같다(행 20:24).

천주교는 그렇다 치더라도 성경 번역자들이 단군신화 한민족 토속문화의 우상 신칭인 하느님을 창조주 하나님(주관적 가상 神)으로 믿고 받아들였다는 것은 얼굴을 들 수 없이 부끄러운 일이다. 돌이킬 수 없는 죄악이다. 21세기 AI시대에 한국교회가 현재도 이 우상 신칭인 하나님(주관적 가상 神, 미신 神)을 성경에 표기하여 믿고 섬기고 있다는 것은 원어학적으로 부끄러운 일이다. 토속문화의 뿌리가 너무 깊게 박혔다는 것을 반증한다. 루하 엘로힘, 에하흐 엘로힘, 예슈아 크리스토스를 창조주로 믿지 않는다는 반증이다.

"정중호 계명대 기독교학과 교수는 이에 대해 하나님이란 명칭이 유일신의 의미가 강한데다 하나님이라 부르던 기존 습관을 바꾸기 힘들었을 것이라고 분석했다."고 하였다.

"개역성경전서"을 낼 때마다 구약 원어 텍스트에 따라 엘로힘으로 번역하지 않았다. 천주교는 하느님으로 하겠다. 개신교는 하나님(주관적 가상 神, 미신 神)으로 하겠다고 하였다. 정중호 계명대 기독교학과 교수가 평가한 것처럼 유일신 의미가 강한 "기존습관을 바꾸기 힘들었을 것"이라고 하였다. '기존습관'이란 비 복음(우상하나님)을 받아들여

143년간 한국교회에 고정(固定)되어버린 선지식과 고정관념이다.

조선(한국)에 선교 초기부터 "하느님", "하나님"은 기독교와 전통적인 신앙이 혼합된 형태로 시작되었다. 한국의 전통적인 신앙에서는 "하느님", "하나님"이라는 개념이 조상신(조상의 영혼를 기리는 제사)과 자연신, 불교, 무속신앙 산, 강, 나무, 바위 등 자연물 등과 연결되어 있다. 선교 초기부터 종교 간의 융합(融合)으로 시작되었다.

본서는 이 뿌리의 근원을 바꾸자는 것이다. 오직 이브리어 원어 텍스트의 본질로 돌아가자는 것이다. 특정된 고유명사 '엘로힘'으로 전 세계의 성경과 찬송가를 통일시켜야 한다. 이 대개혁(大改革)이 이루어진다면 세계 어느 국가의 성도들을 만나도 통일된 예슈아 크리스토스와 엘로힘 아버지를 믿고 섬기며 부르게 될 것이다. 각 국가의 전통신앙의 신(神)칭들이 성경에서 사라질 것이다.

기독교 보수교단에서는 조상제사를 미화한 추도(追悼 - 죽은 사람을 생각하며 슬퍼함, 고인을 추념함), 추모(追慕 - 죽은 사람을 그리워하며 생각함)예배를 드리지 않는다. 이유는 예배라는 형태를 갖추었다 할지라도 추도, 추모의 한자의 의미에서 명확하게 드러난다. 예배의 대상은 오직 영이신 루하 엘로힘 아버지께만 드리는 것이다(요4:24) 추도, 추모식은 고인이 된 조상이나 고인을 대상으로 한다. 추도, 추모에 예배라는 옷을 입혀도 대상은 고인이다. 이러므로 하느님, 하늘님, 하나님의 명칭은 프로테스탄트들에게 절대로 합당하지 않다. 한민족의 전통신앙에서 조상 신을 섬기고 불교신앙과 혼합된 것을 기반(基盤)으로 하고 있기 때문이다.

문제는 143년 여간 동안 기독교에서 믿고 섬기며 불렀던 "하나님"에 대한 명칭을 사용하지 않을 경우 다양한 대 혼란이 일어날 것이다. 그렇다고 이대로 한민족의 전통에서 유래된 미신 "하나님"을 우리 프로테스탄트들이 영의 아버지라고 계속 부를 수도 없다. 영이신 아버지(프뉴마 파테르, 루하 아브)께서 가장 가증스럽고 더럽게 여기시는 것이 곧 미신과 우상숭배이다. 우상숭배의 문제는 타협의 대상이 아니다. 철저하게 반대하고 거부해야 한다. 그렇지 않으면 내가 죽는다(고전 10:1-11). 이 영적싸움은 죽느냐, 사느냐의 싸움이다. 영이신 아버지를 기쁘시게 하며 영광을 돌릴 것인가, 아니면 저주의 징계를 받을 것인가의 선택의 기로에 서 있다.

루하 엘로힘의 생명의 말씀을 따를 것인가, 쇠탄 마귀를 따를 것인가, 한국의 각 교단들은 선택의 결단을 해야 할 때가 왔다. 이 진리의 싸움은 논쟁거리가 아니다. 합리화도 할 수 없다. 우상숭배는 영이신 아버지에 대한 불신앙이요, 배신행위이다. 신구약 원어 텍스트의 위반이다. 이 대개혁에 대하여 방관자들에게 예슈아께서 너! 나를 믿느냐? 너! 목회자 노릇하고 있니? 너! 성도 노릇하고 있니? 너! 나에게 주여 주여 하고 있니? 나는 너를 모른다고 말씀하실 수 있다(마 7:16-23, 눅 18:8,16-17,29-30) "인자가 올 때에 세상에서 믿음을 보겠느냐"(원어 직역 : '그 아들이 이 세상위에서 확실하게 저의 믿음을 그가 찾으신다')고 하셨다.

세계역사 속에 일어난 모든 개혁들은 하나같이 대 혼란을 겪었다. 대 혼란 없는 개혁은 존재하지 않는다. "1517년 10월 31일 마르틴 루터는 비텐베르크 성 교회의 문에 95개 반박문을 붙여 종교개혁"을 시작했다. 그로 인하여 기독교의 구원론이 바뀌었다. 마르틴 루터의 개혁으로 교회혼란이 아니라 오히려 경건신앙이 더 뜨거워졌다는 것은 다 아는 사실이다.

대한민국에서 2025년 2월 20일 11시 한강로179길 장모 박사의 사무실에서 필자가 신구약 원어 텍스트의 본질로 돌아가 원상회복하자는 개혁의 깃발을 들었다. 그 깃발의 주제는 '원어 성경에는 "하나님"이라는 명칭이 없다'였다.

특강을 들은 목회자들은 어안이 벙벙하였다. "몰랐었다", "은혜를 받았다", "충격적이었다"라고 하였다. 축도를 담당한 연세대학교 총동문회 상임이사(이 모 원로목사)는 축도할 때 즉시 전능하신 엘로힘이라는 고유명사를 사용하였으며 끝에 "하나님"의 명칭이 들어갔는데 축도를 끝나고 돌아와서 습관이 되어서 "하나님"의 명칭이 들어갔다고 하면서 부끄러워하였다. 그리고 합동총회소속이라고 하면서 소속 노회장께 갖다 드리고 싶다고 필자의 저서 '이브리어 단어별 해설로 새롭게 알아가는 신론 죄론'을 한권 더 달라고 하여 드렸다.

이것이 개혁이다. 루하 엘로힘께서 개혁포럼 대표를 통하여 필자를 부르셔서 대개혁의 깃발을 들어 올리게 하셨다. 21세기에 세계의 성경들이 신구약 원어 텍스트의 본질인 고유명사 엘로힘으로 통일된 하나의 성경으로 바꾸어 놓을 것이다. 필자는 이 대개혁의 복음이 전하여 진 곳에서 즉시 개혁이 시작된 것을 보았다. 그러므로 확신하는 것이다. 필자와 생각을 같이하는 일본 동경에서 33년 동안 선교하는 노학희선교사가 있다. 노학희선교사는 성도들 전도교육부터 다르다.

일본성경에 기록된 "카미사마"(일본문화에서 유래한 神, 미신 우상)를 믿으라고 전도하지 않고, 예슈아 크리스토스를 믿으라고 전도를 한다고 하였다. 카작스딴에서 34년간 선교하고 있는 노대영선교사도 필자와 뜻을 같이하고 있다. 마르틴 루터는 "비텐베르크 성 교회의 문에 95개 반박문"으로 "오직 성경의 권위", "오직 믿음으로 칭의", "오직 은혜"의 개혁을 완성하였다.

필자는 본 개정판을 통하여 대개혁의 시작을 한국교회에 알린다. 15세기에 많고 많은 사람들 중에 "마르틴 루터"가 일어났다. 또 존 칼빈(John Calvin)이 일어났다. 존 칼빈은 "성경 해석을 중심으로 기독교의 신앙 체계를 회복"하였다. 1536년 기독교강요 초판을 출간했고, 1541년 제네바로 돌아와 종교개혁(존 칼빈의 종교개혁은 16세기 중반에서 16세기 말까지 개혁주의 신학을 정립함)을 이끌었다. 그리고 저명한 기독교 인사들이 많은 대한민국에서 왜 조길봉일까? 왜 필자가 "소논문"을 보는 순간 불이 들어와 책을 출판하여 알려야겠다는 마음이 들었을까? 그리고 즉시 집필을 시작하였다. 필자의 생각과 마음이 아니다. 이브라이우스(히) 11장의 믿음의 선진들은 앞과 뒤를 생각하지 않는 어린아이들이었다는 진리를 비로소 알게 되었다. 전지전능하신 아버지께서는 어느 시대나 물불가리지 않고 말씀을 준행하는 순수한 자를 통하여 일하신다.

아브라함이 믿음의 아버지이지만 노아흐(노아)의 역할(役割)을 하지 못한다. 모세도 아브라함의 역할(役割)을 하지 못한다. 베드로(페트로스)의 역할(役割)을 파울로스(바울)가 하지 못한다. 파울로스의 역할을 디모데가 할 수 없다. 그러므로 전지전능하신 루하 엘로힘 아버지께서 그 시대에 필요한 때에 그 일을 할 수 있는 자를 부르셔서 루하 엘로힘 아버지께서 친히 땅위에서 당신의 뜻을 이루어 가신다(마 6:10). 어느 날 루하 엘로힘 아버지께 왜 저입니까? 라고 여쭈었다. 너밖에 이 일을 할 사람이 없다고 하셨다. '어느 누가 막으리까 죽음인들 막으리까'(찬송가 323장)를 불사하고 이 생명진리의 본질을 외치고 있다(행 20:23-24, 사 42:6, 행 13:47).

'한 알의 씨가 죽으면 많은 열매를 맺는다'(요 12:24-25)고 하셨다. '죽고자하는 자는 살 것이라'(마 10:32-38)고 하셨다. 우리가 계속해서 미신의 "하나님"을 아버지라고 믿고 섬기며 부르는 것은 곧 예슈아와 영이신 아버지(파테르)를 부인하고 거부한다는 것을 분명히 알아야 한다(마 10:32-33). 대한민국에서 한 알의 씨가 죽어 세계교회들에서 대개혁의 불길이 타오를 것이다. 이 타오르는 대개혁(大改革)의 불길은 세계를 삼키게 될 것이다. 이 개혁의 불길을 막아서는 자는 불태워 질 것이다. 이 개혁의 불길은 루하 엘로힘 아버지께서 가장 기뻐하시고 원하시는 뜻이다. 골고다 십자가 위에 이루신 예슈아 크리스토스의 복음의 불길이 히에루살렘(예루샬렘)을 넘어 온 유대와 사마리아(사마레이아)를 불태웠으며 온 세계에서 그 십자가의 복음의 불길이 타오르고 있는 것과 같다(빌 2:6-8, 요 19:17-19,30, 마 26:39-45, 마 27:46, 고전 1:18-21, 행 1:8, 막 16:15).

이 대개혁의 불길은 멈출 수가 없다. 루하 엘로힘 아버지께서 친히 하시고 계시는 대개혁이기 때문이다. 각 국가의 전통문화의 샤머니즘 신들의 명칭들이 각 국가의 성경에서 사라지게 될 것이다. 지금 이 개혁이 시작 된지 12개월이다. 곳곳에서 개혁이 일어나고 있다. 문제는 교단의 단체장들의 결단이 필요하다. 1~2년의 명예직 때문에 이 대개혁(大改革)에 동참을 꺼려하여 개혁에 뒷짐을 짓는다면 두고두고 후회할 날이 올 것이다. 이 개혁운동은 이브리어 원어 텍스트의 확실한 진리에로 "슈브"(שׁוּב - 되돌리다, 회복하다)하여 본질을 원상회복하자는 운동이다.

개혁은 쉬운 일이 아니다. 그래서 생명까지 내려놓는 희생 없이는 할 수 없다. 이 개혁의 운동은 세계 기독교 역사에 길이 남을 것이다. 필자는 마음이 두근거린다. 인쇄소들이 바빠질 것이 눈에 보인다. 성경과 주석서들과 기독교서적들에서 미신의 "하나님" 명칭이 없는 서적들을 새롭게 출판하는 미래가 보인다. 마르틴 루터의 종교개혁으로 신학이 바뀐 것처럼, 본서를 통한 이 대개혁의 역사는 멈추지 않을 것이다. 이 역사적인 개혁의 깃발을 우리 프로테스탄트들이여! 함께 일어서서 들어 올리자. 저주를 막아서자(겔 22:30-31, 출 32:10-14, 렘 5:1, 겔 13:5).

프로테스탄트들이여! 일어서자!

프로테스탄트들이여! 일어서자!

프로테스탄트들이여! 일어서자!

일어서서 세계교회를 살리자!

본서를 세계 각국어로 번역할 불붙은 동역 자들이여! 일어서자!

일어나서 세계교회를 살리자!

선교강국 대한민국으로 새롭게 거듭나자!

이 개혁은 세계교회를 이브리어 원어 텍스트의 본질로 돌아서게 하는

가장 큰 선교이다.

21세기 성경번역 개정의 대혁명 운동이다.

영이신 아버지의 유일성(唯一性)을 강조하다보니까 신구약 원어 텍스트에 없는 토속문화의 미신의 "하느님, 하나님(주관적 가상 神)"을 존 로스가 1883년 10월 성경에 표기함으로 시작된 치욕의 역사이다. 가장 큰 영적사고(靈的事故)이다. 이보다 더 큰 불행의 사건과 불의가 또 있을까?

이제는 미신의 "하느님, 하나님" 명칭을 성경에서 삭제해야 한다. 존 로스로부터 시작하여 143년 여간 우리는 "미신 하나님"을 아버지라고 믿고 섬기며 불렀다. 기독교의 역사에 씻을 수 없는 치욕(恥辱)과 수치(羞恥)이다. 이브리어 원어 텍스트의 고유명사 엘로힘에서 한 민족의 신칭인 "하나님"과의 관련성을 찾으려는 것이 어리석고 불의한 것이다. 그러므로 좌로나 우로 치우치지 말고 이브리어 원어 텍스

트의 본질의 말씀을 따라 준행하면 된다. 여기에 모든 목회자들과 성도들이 이의(異意)가 없을 것이다. 세계 모든 성경에서 자국(自國)의 토속문화의 신칭(神稱)이 삭제되고 신구약 성경에 특정된 고유명사 엘로힘으로 표기하는 대개혁이 일어날 것이다. 이 대개혁은 루하 엘로힘께서 친히 하시고 있다.

특정된 고유명사, 특히 루하(영 - 육안으로 볼 수 없는 분)께서 어떤 분이신지를 알려주는 이름과 칭호(엘로힘 - 창 1:1, 루하 엘로힘 - 창 1:2, 에흐 엘로힘 - 창 2:4)는 원음을 옮겨 표기하는 것이 기본원칙이다.

루하 엘로힘 아브의 말씀(이브리어, 헬라어 원어원문)을 자의적 견해, 추정, 주장, 각 교단 설립 사상, 각 국가들의 토속문화를 반영해서는 안 된다. 성경은 신학의 해설서가 아니다. 성경이 신학의 해설서가 되면 다양성보다 혼란을 초래한다. 성경은 원어원문에 맞게 번역하는 기본원칙을 지켜야 한다. 이 기본원칙이 무너지면 원어원문의 뜻이 왜곡(歪曲)된다. 특히 루하(영)께서 어떤 분이신지를 알려주는 이름과 칭호들이 모두 왜곡되어 무너졌다. 근본 핵심진리인 루하(영)관(神觀)이 다 무너졌다.

기독교의 유일(唯一)함은 죄 사함과 영생구원이다. 한국교회는 이름에 유일성(唯一性)을 두었으므로 이런 가당치 않는 사건이 벌어진 것이라 할 수 있다. "하나(唯一)+님(神)"의 명칭에 유일성을 넣어도 "하나의 신(神)", 唯一한 神이라는 의미 외에 다른 의미가 없다.

자. 비교해보라. 이브리어 원어 텍스트 창조주 "엘로힘"과 전혀 관계가 없다는 것이 사실이다. 유일성에 대하여 본서(5. 하나이신 에하흐

엘로힘)에 '이스라엘아 순종하라. 우리 엘로힘 에하흐는 하나이신 에하흐'(신 6:4)의 원문과 해설을 보라. 무엇과 하나인지를 명쾌하게 알게 될 것이다.

기독교의 위대성과 유일성은 오직 신구약 원어 텍스트이다.

오직 엘로힘이시다.

오직 루하 엘로힘이시다.

오직 에하흐 엘로힘이시다.

오직 예슈아 크리스토스이시다

오직 거룩한 영(루하 카다쉬, 하기오스 프뉴마)이시다.

거룩한 영의 감동으로 기록된 생명 진리의 말씀을 버리고, 성경 번역자들 몇 사람이 창조주의 이름 대신 한민족이 수천 년간 불러온 우상하나님을 성경 속에 심어 놓았다. 태어나면서 부르던 하나님을 우리의 영과 마음과 입술에서 떨쳐버리기란 "세살버릇 여든까지 간다"는 말처럼 쉽지 않을 것이다. 필자도 "하나님"의 명칭이 대화중에서, 설교와 기도 중에도 툭툭 튀어나온다.

대한성서공회가 존 로스의 악행을 몰랐다할 지라도 개정판마다 존 로스가 표기한 한민족 신칭인 하나님(주관적 가상 神, 미신 神)으로 계속 표기하고 있다. 성경에 표기되어 있는 하나님은 하나이신 에하흐 엘로힘이 아니다(신 6:4, 요 8:41, 고전 8:4, 약 2:19, 유 1:4, 출 3:15). 엘로힘도 아니다. 대한성서공회는 이브리어 원어 텍스트에 맞게 사실대로 개정 성경을 발행해야 한다. 우상 신칭의 하나님을 믿고 섬기라고 성경에 표기한 죄를 루하 엘로힘께서 반드시 물으실 날이 올 것이다. 그러기 전에 대한성서공회와 한국 교단 대표들은 기존의 성경을 폐기한다는 성명서를 내고 회심의 대 각성운동과 함께 일천만 성도들에게 사과 문을 내고 알려야 한다. 그리고 신구약 원어 텍스트의 성경개정 운동을 일으켜야 한다. 이것은 필자의 생각이 아니다. 루하 엘로힘 아버지께서 가장 기뻐하시는 뜻이다. 루하 엘로힘 아버지께 이보다 더 큰 영광을 올려드리는 것은 없을 것이다. 이보다 더 큰 선한 행실도 없을 것이다(마 5:16, 롬 14:6-8).

기타

아래아 문서를 참고하십시오.

2014년 기준으로 '하나님'은 표준어로 인정하지만, 이에 대해 찬반 논쟁이 있다. 표준어로 '부적합하다는 시각'에서 국어학 개설 등에 따르면 하나님은 '하ᄂ님'을 잘못 읽은 것으로써 대부분 'ᄋ'의 음가를 'ㅏ' 로만 알고 있으나 비어두음절일 경우는 'ㅡ'로 발음하는 것이라고 한다.[12] 그러므로 '하ᄂ님'은 하느님으로 읽는 것이 맞다는 평가가 있다.

표준어로 '합당하는 시각'에서 이런 단계는 16세기에 제1단계 소실 로 'ㅡ'로 바뀐 것이며, 18세기 중엽에 와서는 'ㅡ'가 아닌 'ㅏ'로의 대치가 일어나면서 기존의 변화된 양상은 자취를 감추게 되었으며[13] 이에 따라 "하나님"이라는 용어 사용에 문제가 없다는 의견도 있다.

하나님이라는 용어를 도용하였다는 주장이 일자 이에 관한 특이한 재판 사건이 1992년에 있었는데, 그해 11월 11일 강원도의 정근철(*붙임, 정근철은 불교 미륵종의 한 분파인 "한세계인류성도종"이란 종파의 대표)이 기독교측을 피고로 '하나님 이름 도용에 관한 손해배상 청구 소송' 고소장을 제출하였다. "한민족 하나님 도용죄"라는 죄목으로 하여금 개신교에서 허락 없이 무단으로 써왔으므로 보상금으로 1억을 내라고 재판을 신청하기도 하였다.[14]

"단군 고유명사" 주장 서울 민사지법에 제출 : "「한」세계 인류성도종(대표 = 정근철)은 지난해(붙임 1992년 11월 11일) 11월 천주교 서울대교구장 김수환 추기경과 한국 기독교 총연합 박맹술 대표, 한국 기독교 교회협의회 김성환 대표 등 기독교계 지도자와 성서발행 인쇄인 등 6명을 상대로 「하느님 명칭 도용 및 단군성조 경칭침해 배제소송」을 서울 민사지법에 제출했다."

"정씨는 소장에서 △단군성조에 대한 하느님 경칭을 참칭하는 행위를 하지 말 것 △하느님을 참칭하는 성경 등의 기독교 성서를 발행 편집, 배포해서는 안된다 △이로 인한 원고의 정신적 피해에 대하여 1억 원의 위자료를 지급할 것을 주장했다."[15]

"기독교는 한민족의 신을 참칭, 도용함"

"정근철은 소장 청구원인에서 하나님, 하느님, 한울님들의 고유명사
는 한민족이 이 땅에 뿌리를 내린 지 수만년 전부터 한민족의 얼속에
서 의식화되어 온 한민족 고유의 신관이요, 우주관이라고 전제한다.
그렇기 때문에 한국에서 자생한 종교만이 이 하느님 호칭을 쓸 자격
에 합법성과 당위성이 있고, 또 신의 세계에서는 제각기 자신만의 고
유이름이 필요함에도 유독 이스라엘에서 발생한 기독교가 '갓(GOD)'
이라고 쓰면 될 것을 아무런 종교적 근거도 없이 남의 이름인 하느님
을 쓰는 것은, 하느님에 대한 고유한 경배심을 역리(逆理)적으로 가로
채는 참칭이며 도용이라고 주장한다."

*재판에 원고(정근철) 측이 제출한 20호 증거 : "대한민족은 하나님(하느님) 사상
  이 투철함으로 이를 수용하기 위해 예수 그리스도의 아버지인 야훼(여호와)를
  하느님(하나님)으로 부르기로 성경동번역위원회에서 결의하였다.(카톨릭대사전
  인용문)"

"또한 정근철은 기독교 성서에 근거하여 여호와를 하느님으로 호칭
하는 것이 옳지 않다고 반박한다. 즉 출애급기 20장 3절에 "너는 나
이외에는 다른 신들을 섬기지 말라"고 말한 것은 여호와 자신이 이 세
상에서 최고의 유일신이 아니라는 것을 드러냈기 때문에 한민족 최고
신이 하느님 총제적 분신인 단군성조의 전인격적 경칭인 하느님 칭호
는 참칭할 수 없다는 것이다. 나아가 정근철은 기독교인들에게 자신

들의 성경에 있는대로 여호와, 엘 여로화, 엘, 야훼 등으로 쓰라고 권유까지 한다."고 하였다.[16]

④ 반증(反證)

"하나님이라는 용어"를 도용하였다는 주장이 일자 이에 관한 특이한 재판 사건이 1992년에 있었는데, 그해 11월 11일 강원도의 정근철(*붙임, 정근철은 불교 미륵종의 한 분파인 "한세계인류성도종"이란 종파의 대표)이 기독교측을 피고로 '하나님 이름 도용에 관한 손해배상 청구 소송'을 통하여 하나님이라는 명칭은 한민족이 수천 년간 믿고 섬겼던 단군신화의 하나님이라고 하는 사실이 명백하게 확증되었다. "정근철은 기독교인들에게 자신들의 성경에 있는 대로 여호와, 엘 여로화(여로화는 여호와의 오타인 것 같음), 엘로힘, 야훼 등으로 쓰라고 권유 하였다." 불교인까지 기본원칙이 무엇인지를 말하고 있다. X망신이다. 얼굴을 들 수 없다. 창피하고 부끄럽다. 할 말이 없다.

대한성서공회와 한국에 각 교단들은 '루하 엘로힘 아브'앞에 대속죄(大贖罪)의 회심(回心)을 하고, 일천만 성도들 앞에 '석고대죄'(席藁待罪)하라. 그리고 즉시 신구약성경에 한민족 신, '하나님'의 명칭을 삭제하고 신구약 성경 모두 '엘로힘'으로 개정표기를 하라.

한글성경은 거룩한 영 엘로힘의 감동으로 기록된 성경이 아니다. 한민족 미신 하나님, 우상 하나님을 표기한 것은 루하 엘로힘의 말씀이라고 할 수 없다. 대한성서공회와 한국교회 교단장과 한국에 신학총장들, 한국에 목회자들은 '한민족 미신 하나님'을 아버지라고 가르친 패악한 죄에 대하여 물으실 날이 오기 전에 회심하여야 한다.

이 사실을 무시한다면 에하흐께 버림을 당하고 저주를 받아 죽고 죽는다(대하 15:2, 레 24:16, 신 18:20). '만일 에하흐를 버리면 에하흐도 너희를 버리신다고 하셨다'는 것을 잊지 말아야 한다.

하나님을 아버지라고 부르면 미신(迷信 - 미혹에 빠진 믿음, 종교적 과학적으로 망령되다고 생각되는 믿음)神, 주관적 가상 神을 아버지라고 하는 것이다. 성도들의 아버지는 오직 한 분이시다(신 4:35, 사 42:8, 사 44:6, 사 45:5-6, 렘 10:10-11, 막 12:29, 요 10:30, 요 17:3, 고전 8:4-6, 딤전 2:5). 그 아버지는 루하(영) 엘로힘(모든 만능들, 힘들) 아브(아버지)뿐이시다.

헬라어의 데오스는 한글성경 사전에 θεος(2316, 데오스 - 하나님 God, 신 god)이라고 하였으나 헬라신화의 하위 신, 잡신이다(아데미를 데오스(神) - 행 19:26, 바울을 데오스(神)라고 함 - 행 28:6, 바나바는 제우스, 바울은 헤르메스 - 행 14:12, 알지 못하는 신(데오스 - 神), 우주만물의 창조자(데오스 - 神) - 행 17:23-24). 헬라인은 다신론 국가이다. 대표적인 13개의 신들이 있다. 한문 성경에는 데오스 θεος를 졸개 신(神)이라고 하였다. 중국인의 최고 신(上帝 - 상 - 띠)이다.

유일하신 창조주 엘로힘을 중국인들의 졸개 신(神), 일반 신(神)으로 표기하여 엘로힘을 일반 신으로 만들었다는 증거이다. 팩트 체크로 이 사실을 알게 되었다. 더 이상 주관적 가상 神, 미신 神, 헬라신화의 神의 이름을 부르거나 섬겨서는 안된다.

사람들이 만든 주관적 가상 神, 미신 神, 신화의 神을 유일한 창조주라고 믿는다고 유일한 창조주가 아니다. 루하 엘로힘 아브께서 주신 이름이 아니므로 회심하여 돌아서야 합니다. 한글성경에 하나님은 주관적 가상 神, 미신 神, 신화의 神이 맞다. 사람이 우상을 만들어 놓고 섬기는 것과 똑같은 것이다. 루하 엘로힘께서 가장 저주하시고 심판하시는 것이 곧 우상숭배와 다른 신(미신 신, 잡신)을 섬기고 말하는 것이다(계 21:8, 출 20:1-7, 레 24:26, 민 25:1-9, 신 13:6-18, 신 18:20, 신 27:15, 신 28:15-68, 수 24:15, 왕상 18:21).

한글 '하나님'(주관적 가상 神, 신화의 神)을 창조주와 유일신으로 믿어도 그 미신 神은 창조주 엘로힘이 아니다. 사람이 만든 우상, 미신 신이다. 혹자는 하나님(우상, 잡신)께 기도해서 응답 받았다. 복을 받았다. 교회도 부흥했다고 필자에게 얼굴이 상기(上氣)되어 따지며 화를 낸 사람도 있다. 루하 엘로힘 아브께서 그 목회자의 기도를 응답을 하셨다면 아마도 예수(에슈아)의 이름으로 기도 하였기에 응답을 하셨을 것이다(요 14:13-14).

성경진리에 견고이서서 분별력을 가지고 깊은 기도를 하는 목회자들과 성도들이라면 영적 감동들 중에 하나는 쇠탄-마귀-귀신이 가장 먼저 찾아온다는 것을 다 안다(마 4:1-11). 만약 혹자처럼 하나님(우상, 주관적인 가상 神, 미신 神)이 응답하였다면 귀신 - 마귀 - 쇠탄이 응답한 것이다. 반드시 그 열매로 알게 될 날이 올 것이다(마 7:16-20,13-15).

루하 엘로힘 아브께서는 사랑이시다. 동시에 공의의 루하 엘로힘 아브이시다. 그러므로 반드시 공의의 심판이 있다(고후 5:10, 계 2:23, 계

20:11-15, 계 22:12, 시 9:8, 전 12:14).

혹자처럼 목회자로써 잘되었다면 그 사람의 가정, 목회자들과의 관계 등에서 신앙의 열매를 보면 현재에도 알 수가 있다. 숨길 수가 없다. 회칠한 무덤은 회칠한 무덤이다. 반드시 그 열매는 이 땅위에서, 혹은 사후에 예슈아 크리스토스와 루하 엘로힘 아브께서 하실 것이다(마 7:20-23, 마 3:7-12, 마 23:1-37, 열 처녀, 탈란톤, 양과 염소의 비유-마 25:1-46).

하나님(주관적 가상 神)의 명칭은 143년 전에 사람들이 논의를 거쳐 존 로스가 성경에 표기한 주관적 가상 神, 미신 神, 우상 神일뿐이라는 것이 명백한 역사적인 사실이다. 세계 개신교에서 특정된 고유명사 엘로힘 외에 믿고 부르는 모든 신 칭들은 일반 신(잡신, 우상)들이다. 존 로스가 한민족의 토속 神을 기독교의 유일신과 창조주로 만들었다. 이것은 역사적인 명백한 사실이다. 당신은 사람의 말을 더 신뢰합니까? 루하 엘로힘 아브의 말씀을 더 신뢰합니까? 당신의 믿음의 대상은 누구입니까? 이 물음에 분명한 답변을 해야 한다.

이렇게 명백하게 증명되었는데도 불구하고 "하나+님"의 명칭을 계속 성경에 표기한다면 대한성서공회는 영이신 아버지를 경멸하고 하찮게 여기는 '쇄브'(출 20:7)의 죄를 짓고 있는 것이다. 우상하나님의 이름을 더 이상 성경에 표기하지 않기를 바란다. 사람의 행동을 감찰하시고 계시는 불꽃같은 눈을 의식하라고 권한다(대상 28:9, 시 7:9, 잠 16:2,25, 잠 21:2, 사 3:11, 렘 17:10, 계 2:18-23). 성경번역에 참여하고 있는 자들은 대 각성을 하고 기존의 성경을 폐기하고 하나님(하늘 heaven + 님

prince, 주관적 가상 神), 제사(祭祀 - 신령이나 죽은 사람의 넋에게 음식을 바쳐 정성을 나타냄, 그 의식), 제(祭), 귀신(鬼神 - ①죽은 사람의 넋, ② 미신에서, 사람에게 화복(禍福)을 준다는 신령) 신(神)의 명칭이 없는 팩트의 한글성경을 발행해야 한다. 한문의 사전적 의미를 알고도 계속 성경에 표기 한다면 성경의 권위와 루하 엘로힘 아버지의 존엄한 이름과 예슈아의 희생을 모독하고 무너뜨리며 더럽히는 것이다. 두렵고 무서운 죄이다. 이브리어 원어 텍스트의 팩트의 개정성경을 발행하지 않으면 그 책임을 반드시 물으실 것이다. 언제까지 한민족이 수천 년간 섬기고 부르던 우상 하나님을 계속 성경에 표기할 것인가? 루하 엘로힘의 심판이 두렵고 떨린다. 존 로스가 만든 주관적 가상 神, 미신 神, '하나님'을 언제까지 아버지라고 부를 것인가?

토속문화를 받아들인 신학자들, 목회자들은 거짓신학자들, 거짓목회자들이다. 오늘날 좌파신학자들이라고 일컫는다. 좌파신학자들에게 학문을 배운 자들은 거의가 좌파목회자가 된다. 어떻게 똑같은 성경을 가지고 좌우가 있을까? 필자도 수수께끼이다. 신학자들 중에 좌파가 있다는 것은 신학이 많이 부패하였다는 증거이다. 영이신 아버지의 말씀인 이브리어 원어 텍스트을 믿지 않는다는 증거이다(요 12:48-50, 요 14:15). 이브리어 원어 텍스트를 생명처럼 여기는 자들은 지극히 소수에 불과하다. 필자도 그중에 한 사람이다. 어느 시대나 불지옥의 멸망하는 길, 넓은 길로 가는 자는 많고 좁은 길로 가는 자는 적다고 하셨다(마 7:13-14,23, 마 13:42,50, 살후 1:8-9, 벧후 2:4, 요일 3:10, 계 12:9, 계 20:10). 선구자의 길은 더 힘들고 어려운 길이다(롬 14:7-8, 요일 3:16). 그러나 영혼을 살리고 사실을 알리는 명백한 길이다. 진리를 사모하는 목회자들과 성도들이 계몽(啓蒙)되어 일어나야 한다. 오직 신구약 원어 텍스트만 영이신 아버지의 말씀이다. 신앙과 행위에 대하여 정확 무오한 유일의 법칙이다. 여기서 벗어나면 왼편에 있는 자이다(마 25:33,41,46, 계 14:8-11).

한글성경 이대로 사용해야 옳은가? 아니면 70권(시편을 5권으로)신구약 원어 텍스트로 재조명하여 개정성경을 출판해야 하는가에 대한 정답은 70권의 신구약 원어 텍스트로 개정 출판을 해야 한다. 영어(God), 일어(かみさま 카미사마), 중국어("상제"(上帝), "천주"(天主)), 인도어(빠르메슈와르(Parameshwara), 러시아어(바가 Бага(Baga)) 동방 정교회에서는(하나님 Theosis-신선함), 캄보디아어(프레아 치압부(ព្រះជាព្រះ),한글(하나님)등은 모두가 토속문화의 '신칭'들이다. 이브리어 원어 텍스트와 전혀 관계가 없는 명칭들이다. 우리의 신앙과 행위는 신학적으로의 접근이 아니다. 오직 70권의 신구약 원어 텍스트라는 것을 누구나 동의 할 것이다. 본서는 루하 엘로힘 아버지께서 어떤 분이심을 알려주고 나타내는 이름과 칭호들에 대한 팩트를 알리는데 목적이 있다. 이 사실을 받아들여야 한다. 양보할 수 없는 개혁의 깃발을 모두가 들어야 한다. 지각(知覺)이 있다면 생각해보라. 하늘에 계신 미신(迷信 - 종교적. 과학적으로 망령되다고 생각되는 믿음, 점, 굿, 따위)의 하나님을 믿겠는가? 인본주의 선교사 존 로스, 토속문화의 선교사 존 로스, 상황신학의 선교사 존 로스의 가르침을 따를 것인가? 아니면 오직 이브리어 원어 텍스트에서 알려주시는 루하 엘로힘 아버지

께서 알려주신 말씀을 순종하겠는가? 한민족이 수천 년 부르던 주관적 가상 神, 미신 神, 우상 神 "하나님"을 믿겠는가?

이브리어의 엘로힘은 미신 신 '하나님'과의 그 어떤 관련성(關聯性)을 찾을 수 없다. 이브리어 엘로힘, 엘과 헬라어 데오스(헬라인의 토속문화의 일반 신)에 는 '하늘'과 '하나'라는 의미를 원어학적으로도 찾아 볼 수가 없다. 하나님이라는 명칭으로 인하여 이브리어 엘로힘의 칭호가 한글 신구약 성경에 한 번도 나오지 않는다.

필자의 믿음의 뿌리는 주기철, 한상동, 이기선, 김현봉, 박윤선, 이병규, 이상근, 고석남목자 등으로부터 전수받았다. 오직성경, 오직예수스 크리스토스, 오직믿음, 오직은혜, 오직신앙양심, 오직 아버지의 주권을 믿고, 영이신 아버지의 영광을 위하여 사는 것이 필자의 신앙모토이다. 결코 이브리어 원어 텍스트을 대신하는 그 무엇도 없다. 진리의 최종적인 권위는 오직 루하(영) 아버지의 말씀인 이브리어 원어원본 텍스트 뿐이다(행 4:19-20, 행 5:29, 고전 10:31, 고후 5:9-11, 갈 1:10, 살전 2:4). 전적 타락한 인간들이 변개(變改)할 수가 없다. 21세기 지금 까지 변함없이 미신 신 "하나님"의 명칭이 한글성경에 계속 표기되는 가장 큰 이유는 신학적으로 문제가 없다고 생각하는 거짓 신학자들 때문이다. 이 미신 "하나님"의 명칭으로 인하여 구약성경에서 엘로힘(약2,600회), 엘(약240회)와 신약성경에서 엘로힘(약1,319회)가 모두 사라졌다. 이브리어 원어 텍스트을 확인해야만 알 수 있다. 그러므로 신구약성경과 찬송가에 미신, 신화(잡신, 잡귀) 하나님(약4,159회)'의 명칭을 모두 삭제하고 모두 '엘로힘'으로 표기해야 한다.

3.

한민족 하나님 도용 죄 재판결과,
한얼말씀(주보), 반증

천주교의 김수환 추기경, 기독교의 대표들이 증인으로 불리워지며
재판이 진행되었지만 원고 측(정근철씨 측)은 패소했다고 한다.

패소의 이유는 "하나님"이 기독교의 것이어서가 아니라, 하나님은
누구나 쓸 수 있는 고유명사이기 때문에 기독교에서도 쓸 수 있고, 그
래서 보상금 1억원을 줄 필요가 없다는 것이었다.

그러나 중요한 것은 이 재판을 통해 하나님이 기독교의 고유 이름이
아니라 아주 오랜 옛날부터 한민족이 써왔으며, 기독교 도입과정에서
1906 년부터 하나님(하느님)으로 번역되어 불리기 시작했다는 것이 증
명된 셈이다. 기독교측 주장대로라도 지금부터 150년전부터 써 온 것
이 증명된 것이다.[17] 라고 하였다. 그렇다. 이것은 의혹이나 의문이 아
니다. '한민족 하나님 도용 죄 재판결과'에서 밝혀진 사실이다. 이것을
모르쇠(어떤 사실을 알면서도 일부러 모르는 체하거나 시치미를 떼는 것, 자신의 책임
이 따르거나 불리한 상황에서, 사실을 부인하거나 언급하기를 꺼리는 태도)로 나아가
는 자는 목회자, 신학자와 성도가 아니다(마 5:37).저주의 죽고 죽는 심
판을 받는다(출 20:7, 신 18:20, 레 24:16).

한얼말씀(주보) 중에서

"하나님은 우리민족의 유일신이다."

"하나님이란 말은 기독교의 전유물처럼 우리는 알고 있다.

그러나 하나님이란 말은 본디 우리가 사용하는 말로서 기독교가 이 땅에 들어오면서 기독교를 전파하기 위하여 우리가 사용하는 하나님 이란 용어를 야훼대신 사용하면서부터 기독교는 급속도로 전파되고 지금에 이르렀다.

하나님이란 말은 우리 민족의 3대 경전인 천부경, 삼일신고, 참전계 경을 통하여 많이 사용하고 있는 일신(一神)이란 말에서 비롯되었다.

一神의 一은 하나라는 의미이다. 神은 님이라고 해석한다. 그러면 일신이 바로 하나님이라는 것을 알 수가 있다. 삼일신고 제 2장이 바로 一神을 기록 한 것이기 때문이다.

삼일신고 제 2장의 하나님은 一神, 즉 한민족의 하나님을 이야기 하는 것으로 한민족의一神은 동서고금의 모든 유일신과 절대적인 신 의 사상을 설명한 것이다. 또한 미래 인류가 추구할 가장 높은 인본 주의 개념을 제시한다.

우리말로 하나님은 하느님, 한얼님, 한울님, 하누님 등으로 불린다. 부 르는 말은 다르다하여도 그 뜻은 삼일신고의 一神을 이야기 한다.

하나님이란 말을 가장 처음 한글로 표기한 사람은 조선시대 선조 때 시인 노계蘆溪 (1561-1642)의 가사 중에 "하나님"이란 단어를 사용한 기록이 나온다."

"時時로 머리드러 北辰을 바라보고
놈 모르 논 눈물을 天一方의 디이나다
一生에 품은 (삳)뜻을 비옵니다 하나님아"

"그러나 언드우드 (L.H Underwood)는 선교보고서에 고구려 왕국에서는 하나님이라 불리는 유일한 신만을 섬겼다."는 기록이 있듯이 우리 민족은 고구려뿐만 아니라 한인천제의 한국시대와 한웅천왕의 배달나라, 그리고 단군 시대에서 조선시대에 이르기까지 하나님이란 용어를 사용하였다는 것이 경전에 의하여 확인되고 있다. [18]

중요한 것은 이 재판을 통해 '하나님'이 기독교의 고유이름이 아니라 아주 오랜 옛날부터 한민족이 써왔으며, 기독교 도입과정에서 1906년부터 '하나님(하느님)'으로 번역되어 불리기 시작했다는 것이 증명된 것이다.

한국교회와 세계교회는 객관적인 이브리어 원어 텍스트의 창조주 엘로힘께로 되돌아서야 한다.

이런 논문과 자료들은 차고 넘친다.

* 나무위키 하느님과 하나님을 보라

⑤ 반증(反證)

"한민족 하나님 도용 죄 재판을 통해 하나님이 기독교의 고유 이름이 아니라 아주 오랜 옛날부터 한민족이 써왔다"는 사실이 명백해졌다. 한얼말씀(주보) 중에서 "하나님은 우리민족의 유일신이다." "하나님이란 말은 기독교의 전유물처럼 우리는 알고" 있으나 아니라는 사실도 명백해졌다.

"하나님이란 말을 가장 처음 한글로 표기한 사람은 조선시대 선조 때 시인 노계蘆溪(1561-1642)의 노계가사 중에 "하나님"이란 단어를 사용한 기록이 나온다."는 사실도 명백해졌다.

언드우드(L.H Underwood)는 선교보고서에 "고구려 왕국에서는 하나님이라 불리는 유일한 신만이 섬겼다." 는 기록이 있듯이 우리 민족은 고구려뿐만 아니라 한인천제의 한국시대와 한웅천왕의 배달나라, 그리고 단군시대의 조선시대에 이르기 까지 하나님이란 용어를 사용하였다는 것이 경전에 의하여 확인되고 있다는 사실이 명백해졌다.

"1882년 3월과 5월에 만주 심양 문광서원에서 로스(John Ross 羅約翰, 1842-1915) 목사는 첫 한글 복음서 『예수 셩교 누가복음젼셔』와 『예수 셩교 요안내복음젼셔』를 발행했다.

한국인 번역자들은 한문 문리본에서 초역했으나, 로스는 흠정역 (KJV)과 문리본의 저본인 그리스어 수용 본문을 거부하고 1881년에 발간된 비평 본문과 영어 개역본(RV)을 저본으로 삼았다."[19], "1870년대 후반부터 시작된 로스를 통한 스코틀랜드 장로교회의 영향이 단절되고 미국 교회의 영향력이 지배하기 시작하는 계기가 되었다."

"로스역본 논쟁 과정에서 장로교의 언더우드는 처음부터 새 번역 출판을 주장한데 반 하여, 감리교의 아펜젤러는 개정본 출판을 옹호하였고, 영국성서공회의 북중국 총무 브라이언트 역시 개정본 출판을 적극 지지하였다. 신약성서의 완역 개정본이 포기된 주된 이유는 주로 북부 지방과 서울 지방 정도까지만 소통될 수 있었던 로스역본의 지방어적 특성과 한문투의 표현들이었다. 로스는 초판 이후에 서울말을 채택하여 번역하려는 노력을 상당부분 보여주었지만, 한국 선교사들은 그것을 인정하지 않았다. 만주에 주재하는 로스의 한글 성서 번역에 대한 열정과 초대 한국 선교사 언더우드의 새 번역에 대한 강한 열정의 충돌, 그리고 여기에 가세한 브라이언트의 영국 성서공회 입장에서의 경영 측면의 전략 문제가 이 논쟁에서 또한 중요한 영향력 있는 요인으로 파악된다."[20]

⑥ 반증(反證)

"로스는 흠정역(KJV)과 문리본(1852년에 출간된 한문 성서)의 저본인 그리스어(헬라어) 수용 본문을 거부하였다"고 하였다. 학자들마다 주장을 달리하기도 한다. "로스와 매킨타이어는 1881년에 출간된 영어 개역본(Revised Version, RV) 신약성경과 웨스트코트 - 호르트(Westcott - Hort) 그리스어 본문을 사용하였다."고 하였다. 로스는 이 초고를 들고 스코틀랜드성서공회에 찾아가 한글복음서 출판비를 지원 받았다. 로스본을 번역할 때 한국인 번역조사(helper)들은 한문 문리본(Delegates Version, 1852, 고전 한문 중국어 성경)을 저본으로 사용하였다."

거룩한 영으로 감동된 생명의 말씀을 신생 선교국에 알리는데 있어서 가장 중요한 것은 성경이다. 그런데 당시 선교사들에 의해서 좌지우지 되었다. 신구약 원어 텍스트으로 번역이 아니었다. 영문성경과 한문성경으로 한글성경을 번역하면서부터 신구약 원어 텍스트의 본질이 왜곡되었다. 2300년전 70인역(LXX)을 번역하는 과정에서 헬라신화의 하위 神 데오스θεός가 들어왔다는 것이 팩트이다. 욥기, 다니엘서 등등에서도 토속문화의 신 칭으로 사용되었다. 존 로스가 자의적으로 한글성경에 주관적 가상 神, 미신 하나님을 표기하여 이브리어 원어 텍스트의 본질을 왜곡하였다. 가장 큰 문제는 영이신 루하 아버지의 이름 엘로힘을 한민족 토속문화의 미신적 神 개념인 '하나님'이라 번역한 데 있다. 그 결과 지난 143년 동안 한국교회는 이브리어 원어를 외면한 채, 주관적인 우상과 미신을 천지만물의 창조주요 아버지로 가르치고 믿게 해왔다. 원통하고 분하지만 이제라도 이브리어 원어 텍스트로 올바르게 잡을 수 있는 기회를 주신 전능하신 아버지께 감사와 영광을 올려드린다.

한글성경에 하나님(주관적 가상 神, 미신 神)이라는 명칭이 신구약 원어 텍스트에는 나오지 않는다. 하나님은 주관적 가상 神, 미신 神'이라는 사실이 명백하게 증명되었다. 그럼에도 주관적 가상 神, 미신神을 계속 성경에 표기하고 있다. 이들은 가룟유다(이스카리오테스 이우다스)와 빌라도(필라토스)보다 더 큰 악을 행하고 있다. 가룟유다와 빌라도는 전능하신 아버지께서 예언하신 말씀 성취를 위하여 악인도 악한 날에 적당하게(잠언 16:4)하셨고, 불의한 병기(롬 6:13)로 쓰였다. 이들이 예슈아를 십자가에 못박히도록 동기를 부여하였지만 예슈아께서 저주의 십자가에서 대리적 속죄의 희생물이 되도록 기여한 자들이었다는 것도 사실이다.

그러나 존 로스와 성경 번역자들은 처음부터 영이신 아버지께서 어떤 분이신지를 알려주신 특정된 고유명사 '엘로힘'을 성경에 표기하지 않았다. 존 로스는 자기가 만들어 낸 '미신 신 하나님'(잡신, 잡귀)을 성경에 표기하였다. 143년이 지났지만 이제라도 발견하여 대개혁이 시작되어 감사할 뿐이다.

장본인들은 양심이 화인을 맞아서 의식하지 못하고 있을 수 있다. 그렇지 않고는 본인들이 쇠탄의 앞잡이 노릇을 하고 있다는 것을 모을 리가 없다. 우리 목회자들과 성도들은 143년 동안 몰라서 불렀던 그 하나님은 "한웅천왕(한국 신화에 등장하는 인물로, 환인(桓因)의 아들이자 단군왕검의 아버지이며, 하늘에서 내려와 신시(神市)를 열고 배달국을 건국했다고 전해지는 신화적 통치자)의 배달나라 한민족 토속문화의 신칭인 하나님"이다.

"한웅천왕의 배달나라 한민족의 신칭"이 한국개신교의 하나이신 하나님(하늘 heaven + 님 prince, 주관적 가상 神)으로 성경에 4천 번 이상 표기되어 있다. 애국가에 하느님도 "한웅천왕의 배달나라 한민족의 우상 신칭"이다. 한국 개신교회 성도들은 애국가를 부를 때 '엘로힘이 보우하사 우리나라 만세'라고 불러야 할 것이다. 교단 적으로 일어나지 않는다면 개 교회에서 반대하고 거부하는 21세기 개혁운동을 일으켜야 한다. 절대 묵과(默過)해서는 안 된다. 항거하여 일어나야 한다.

존 로스와 성경 번역자들과 방관자들에 의하여 엘로힘을 하나님(주관적 가상 神, 미신 神)으로 번역한 것은 최악이다. 이보다 더 악한 죄가 또 있을까? 전지전능하신 창조주 루하 엘로힘을 일반적인 귀신(鬼神), 샤머니즘적인 우상(偶像)신(神)으로 귀신들과 동등하게 만드는 망령된 죄를 범하였다. 루하 엘로힘께서 에하흐 엘로힘의 이름과 칭호를 모독(冒瀆)과 모욕(侮辱)을 하며 조롱(嘲弄)하고 저주하는 자를 죽이고(육) 죽이신다(영, 영혼)고 하셨다(출 20:7, 레 19:12, 레 24:11-16).

출애굽기 20:7절에 '망령'이라 단어는 쇠브 שָׁוְא (7723, 쇠브 사전적 의미 - 텅빔, 공허, 헛됨, 허무, 거짓)이다. BC3~BC1세기에 70인 역본에 참여한 유대학자 72인에게 이브리어 고유명사 '엘로힘'을 원어 원음 그대로 옮겨 표기하지 않는 죄와 이브리어 엘로힘을 헬라신화의 신으로 번역한 죄의 책임을 반드시 찾으실 것이다(출 20:7, 계 22:18-19). 루하 엘로힘께 귀신(鬼神) 신(神)자를 사용하지 말아야 한다. 루하 엘로힘, 에하흐 엘로힘의 이름을 '쇠브'하는 죄이다. 루하 엘로힘은 신화의 신, 주관적 가상 神, 귀신이 아니다. 실존하시는 전지전능하신 창조주 루하 엘로힘이시다. 더 이상 '쇠브'하는 죄를 중단해야 한다.

엘로힘 אֱלֹהִים은 고유명사 남성복수로서 '모든 것들의 능력들'이라는 의미이다. 엘 אֵל은 명사 남성단수로서 '힘과 강하심'이라는 의미이다. 데오스 θεός는 헬라신화의 신이다. 데오스는 단수형과 복수형으로 사용되며, 명확하게도 사용되고 막연하게도 사용되어 신들, 신, 그 신, 신성(godhead) 사이에 의미상의 구별이 거의 없는 경우가 종종 있다."고 하였다. 헬라(그리스)의 문화가 다신론이었으므로 전능하신 아버지의 이름에도 그리스 사람의 토속문화가 들어왔다는 것을 증명한다. 한 가지 분명한 것을 알아야 한다

헬라어 데오스 Dheos는 특정 신의 고유명사가 아니라, 보편적이고 일반적인 신의 개념을 나타내는 용어이다. 포괄적인 신(God)의 개념이다. 칠십인역(LXX)에서 고유명사 '엘로힘'을 보통명사 '데오스'로 번역하였다는 것이 확실한 증거이다. '데오스(Dheos)' 는 라틴어(고대 로마-이탈리아)로 '신'을 뜻하는 보통명사(특정한 대상이 아닌 여러 대상(다신교, 자연신, 토착신 등)에 보편적으로 적용됨)로, 특정 신의 이름이 아닌 일반적인 '신'이라는 개념을 지칭하는 단어이다. '데오스'가 특정 신의 고유명사가 아니라는 점은 '신'이라는 단어가 특정한 개별 신이 아니라 신성하다고 여겨지는 존재로 일반을 가리키는 용어이기 때문이다.

'데오스(Dheos)'의 의미와 용례는 보통명사로서의 '데오스'는 영어의 'God'처럼, 고유한 존재를 지칭하는 고유명사가 아니라 '신'이라는 속

성을 가진 보편적인 존재들을 아우르는 보통명사이다.

이브리어 '엘로힘'을 헬라어(코이네 그리스어)로 번역할 때 헬라(코이네 그리스어) 토속문화가 들어왔다는 확실한 증거이다. 헬라인들에게 '데오스'는 특별한 의미가 없는 일반명칭이었다. 타락한 인간들이 신화와 학문으로 이브리어 고유명사 '엘로힘'을 일반명사화한 것을 필자가 고유명사의 본질로 돌려놓는 것이다.

헬라인들의 신, 올림포스 대표적인 12신이 있다. 신들(데오스)의 왕 제우스와 함께 헤라, 포세이돈, 데메테르, 아테나, 아폴론, 아르테미스, 아레스, 아프로디테, 헤르메스, 헤파이스토스, 헤스티아 등이 주요 신들이다.

파울로스(바울)와 바르나바스(바나바)에게도 헬라의 신들 이름을 붙혀 불렀다. 파울로스(바울)은 '헤르메스'(신들의 전령, 제우스의 명령을 전달하는 사자(使者)), 바르나바스(바나바)을 '제우스'라고 하면서 신들 θεός(2316, 데오스 - 일반신의 명칭)이 나타났다고 소동하였다(행 14:11-12). 파울로스(바울)은 아덴 사람들이 '알지 못하는 신' θεός(2316, 데오스 - 일반신의 명칭)라고 하였다(행 17:23).

'그들은 그가 붓든지 혹은 갑자기 쓰러져 죽을 줄로 기다렸다가 오래 기다려도 그에게 아무 이상이 없음을 보고 돌이켜 생각하여 말하되 그를 신 θεός(2316, 데오스 - 헬라신화의 신)이라 하더라.'(행 28:6)

사람에게도 붙여지는 '데오스' θεός라는 사실에서 일반신(잡신, 잡귀)이라는 것을 명백하게 증명한다. 이렇게 명확한 사실을 부인한다면 방법이 없다. 깨닫고 돌이켜 믿는 자가 복 받은 자이다.

기원전 3세기경(2,300년전) 이집트 알렉산드리아(이집트 왕 프톨레마이오스 2세 필라델포스(주전 285~246 통치)가 알렉산드리아에 있는 자신의 도서관에 보존하기 위하여 히브리 성경의 번역본을 의뢰하여 시작 됨)에서 이브리어 성경을 그리스(헬라)어로 번역 작업을 진행하기 위해 이스라엘의 12지파에서 6명씩 선발된 총 72명에 유대인학자들이었다. 유대인학자들은 신앙양심을 저버렸다. 이브리어 고유명사 창조주 '엘로힘' - אֱלֹהִים을 데오스 θεός(데오스는 헬라신화의 하위 신, 일반신이다. 보편적이고 인격적인 신의 개념을 나타내는 용어, 포괄적인 신(God)의 개념)로 바꿔버렸다. 이브리어 원어 텍스트에 '엘로힘'(창 1:1), '루하 엘로 힘'(창 1:2), '에하흐 엘로힘'(창 2:4)은 특정(特定 - 특별히 정하여져 있음)되어 있는 영(루하)이신 아버지께서 어떤 분이신지를 나타내는 이름들이다. 이외에 또 다른 '엘로힘', '루하 엘로힘', '에하흐 엘로힘'은 없다(출 3:14-15, 출 15:11, 출 20:3, 신 6:4-5, 사 43:10, 사 44:8, 사 45:21, 고전 8:4). 그러므로 번역 없이 '엘로힘' 원음 그대로 옮겨 표기해야 하는 원칙을 72명의 유대인(에후다)학자들이 지키지 않았다. 약 2300년 전에 창조주 엘로힘을 헬라인의 토속 신 '데오스'로 바꿔버린 용서받지 못할 유대인학자들이다.

'데오스'(헬라신화의 하위 신, 토속의 신)는 '엘로힘'이 아니다. 프로테스탄트들의 믿음은 항상 이브리어 원어 텍스트의 본질로 돌아가는 운동을 한다. 필자가 연구하면서 명확하게 깨달은 것은 이브리어에서 각 국어로 번역할 때 쏴탄이 개입하였다는 확실한 증거들이다. 정신을 차리고 근신하여 기도해야 깨달아지는 진리들이다(벧전 4:7).

존 로스와 성경 번역자들이 토속문화를 받아들여 성도들의 마음을 성전삼고 거주하시는 루하 엘로힘(영은 만능들이시다)을 하늘 신 하나님(주관적 가상 神, 미신 神, 신화의 神)으로 만들어 놓았다. 영어성경에 야훼 Yahweh, 여호와 Jehovah는 이브리어 고유명사 에하흐 יהוה가 아니다. 고유명사는 국가를 초월하여 동일하다. 영어와 한문이 에하흐 יהוה 엘로힘 אלהים의 이름을 오역하여 변질시켰다는 증거들이다. 필자의 이름은 고유명사 조길봉이다. 한자는 趙吉奉입니다. 하물며 영이신 아버지를 알려주는 이름과 칭호들을 토속문화 한민족의 신(神) 하나님(잡신, 잡귀)으로 표기한 존 로스와 성경 번역자들은 만능들이신 엘로힘의 이름을 모독하고 경멸하는 죄를 범하였다.

이브리어 원어 텍스트의 이름과 칭호들을 사실대로 번역하고 해설하는 것을 루하 엘로힘께서 기뻐하신다. 필자는 누가 알아주지 않아도 선구자의 사명감으로 본서를 출판한다(행 20:24, 행 21:13, 계 12:11).

필자는 루하 엘로힘께서 기뻐하시는 원어번역과 상형문자 의미 해설을 사전적 의미에 근거해서 해설한다. 필자는 사람중심의 목회자, 인기 중심의 목회자가 아니다. 오직 루하 엘로힘 중심의 목회자, 오직성경 말씀중심의 목회자이다(행 4:19-20, 행 5:29, 롬 8:4-6, 고전 10:31, 고후 5:9-10, 갈 1:10, 살전 2:4). 필자가 가장 무서워하고 두려워하며 사랑하는 분은 오직 루하 엘로힘과 예슈아 크리스토스이시다(마 10:28, 살후 1:8-9, 시 119:120, 단 3:10-18). 목회자가 맹인이 되면 성도들도 맹인이 된다.

목회자가 벙어리 개가 되면 성도들도 짖지 못한다(마 15:14, 벧후 3:16, 사 56:10-12, 렘 6:13-14, 렘 14:14, 렘 23:13, 겔 33:6).

개역개정 : '내 백성이 지식(따알 – 지식, 이해)이 없으므로(삐리이 – 닳아 떨어짐, 다 없어짐, 소멸) 이들이 망하는도다(따맣 – 언약에서 베어내다, 멸망하다, 파멸하다) 네가 지식을 버렸으니(마아쓰 – 거절하다, 멸시하다) 나도 너를 버려(마아쓰) 내 제사장(코헨 – 고위공직자 직무수행을 못함, 출19:6, 벧전2:9)이 되지 못하게 할 것이요 네가 네 엘로힘의 율법(토라 – 예슈아 십자가의 복음)을 잊었으니(샤카흐 – 잊다, 모른다) 나도 네 자녀들을 잊어버리리라(샤카흐).'(호세아 4:6)고 하셨다.

직역 문장정리 : 왜냐하면 내 백성이 그 지식이 다 없어져서 이들이 배어냄을 당하여 멸망한다. 네가 그 지식을 멸시하여 거절하였으니 나도 너를 멸시하여 거절하고 나에게 코헨(주요 공직자, 통치자, 지배자)의 직분을 수행하지 못하게 하며 네 엘로힘께서 가르쳐주신 십자가 복음을 네가 잊었으니 내가 또 네 아들들을 잊으며,

דַעַת (1847, 마소라 모음 표기 - 따알, 사전 표기 - 다아트 - 지식, 이해)이다.

'따알' 간략해설

'따알'의 지식은 일반지식을 말하는 것이 아니다. 이 지식이 무엇인지를 '따알'에 담아 놓으셨다. '따알'은 예슈아께서 십자가 위에서 저주의 대리적 속죄를 완성하시므로 생명의 문이시고, 선한 목자이신 예슈아의 대한 영적지식이라는 의미이다. 이 영적지식은 영적 눈, 귀, 마음이 열려야 보이는 죄 사함과 영생구원의 복음이다(계 2:7; 3:6, 갈 1:12, 시 119:18). 입을 열어 이 복음을 믿고 마음에 받아들이게 된다(롬 10:9-10). 예슈아께서 나를 위하여 십자가에서 대신 죽으셨다는 눈이 열려야 한다. 이 눈이 열리면 생명의 문이신 예슈아께서 보이기 시작한다. 생명의 문을 통과하면서 생명의 꼴을 먹게 된다(요 10:1-3,7,9, 계 3:20, 시 100:3-4, 겔 34:12).

'따알'의 지식은 예슈아께서 십자가에서 나를 위하여 대리적 속죄의 희생물이 되셨 다는 표시, 증거가 마음에 있어야 한다. 자기가 생명의 문이신 예슈아 안에 있고 예슈아께서 자기 안에 있는 것이 느껴지고 이해가 된다. 이것이 '따알'의 지식이다. 예슈아 십자가의 복음이 이해가 되지 않는 사람은 영적인 눈, 귀, 입, 마음이 닫혀있는 사람이다. 이 사람이 멸망한다는 말씀이다.

코헨은 희생물만 관리하는 자가 아니다. 파라클레토스(보혜사) 하기오스(거룩한) 프뉴마(영)께서 사람에게 임하신 후로는 왕같은 만인 코헨들이다(벧전 2:9). 그러므로 코헨의 직무를 엘로힘 앞에서 수행하지 못한다는 것은 영적 코헨의 직무를 수행하지 못한다는 말씀이다. 왕국에서 통치권 지배권을 수행하지 못한다는 것이다. 거듭나지 못하였다는 것이다. 엘로힘 אֱלֹהִים 왕국 מַמְלָכָה(4467, 마소라 모음 표기 - 마므라캄/ 사전 표기 - 마므라카 - 왕국, 통치권, 통치, 지배)에 들어가지 못한다는 말씀이다. 엘로힘 왕국은 '루하(영) 엘로힘(만능들) 아브'(아버지)이시다(전 12:7, 요 16:28). '루하 엘로힘 아브'께 돌아가지 못하면 유황불 지옥에 들어간다는 것이다. '망하는도다' דָּמָה(1820, 마소라 모음 표기 - 따맣, 사전적 의미 - 그치다, 끝나다, 끝나게 하다, 끊다, 잘라(베어)내다, 멸망하다, 파괴하다, 언약에서 잘라내다, 호4:6, 사6:5), '따맣' 어근은 '땀' דָּם(1818, 마소라 모음 표기 - 땀, 사전 표기 - 담 - 피)이다.

따맣 간략해설

생명을 언약에서 자라낸다, 멸망한다, 파괴한다는 것은 육신의 생명(피)을 끊어낸다. 죽임을 당한다. 영혼이 영원히 유황불 지옥에서 멸망을 한다는 것이다. 왜 그럴까요? 생명진리의 말씀이신 예슈아께서 이 땅위에 오셔서 저주에 십자가에서 저주를 받을 자기를 위하여 대리적 속죄의 피 흘려주신 것을 믿지 않기 때문이다. 생명의 문이신 예슈아를 믿는 자는 누구든지 죄 사함과 영생구원을 받는다(요 14:6, 요 10:1-3,7,9,1-18, 요 1:12-13, 요 3:16).

'문' θύρα(2374, 뒤라 - 문, 입구) 명사 '뒤라' 이브리어 역어는 '페타흐' פֶּתַח(6607, 페타흐 - 열린 문, 통로, 출입구)이다.

페타흐 간략해설

헬라어 '뒤라'에서는 발견할 수 없는 영적인 진리가 이브리어에서는 발견된다. 유월절 어린양이신 예슈아께서 때가차서 오셨다. 저주받은 택한 백성들을 위하여 저주의 십자가 위에서 대리적 속죄의 희생물이 되셨다. 이 '페타흐'의 문이 열려있다(고전 1:1-21, 딤전 2:4). 개방 되어있다(계 3:20, 요 1:12-13, 요 3:16-18, 요 14:6). 이 문이 닫히는 날이 온다(마 25:10-13). 닫히기 전에 들어가야 한다. 미련한 다섯 처녀는 예슈아를 믿지 않은 자들이다. 교인들이다. 교인들에게는 죄 사함의 문, 영생구원의 문이 닫혀있다. 믿음은 나눠 줄 수가 없다(마 25:8-9, 히 4:1-3,6,11, 가짜성도 구별법 - 마 7:16,20, 히 6:4-8). '루하 엘로힘 아브의 마므라캄'(왕국)은 누구의 손잡고(선행과 공로, 돈) 가는 곳이 아니다. 오직 개인의 믿음으로 간다. 개인의 신앙고백으로 '루하 엘로힘 아브의 마므라캄'(왕국)로 간다(롬 10:9-10).

'우리가 에하흐(여호와)를 배반하고 속였으며 우리 엘로힘(하나님)을 따르는 데에서 돌이켜 포학과 패역을 말하며 거짓말을 마음에 잉태하여 낳으니 14 정의가 뒤로 물리침이 되고 공의가 멀리 섰으며 성실이 거리에 엎드러지고 정직이 나타나지 못하는도다'(사 59:13-14)라고 하였다.

에하흐 엘로힘의 말씀을 따르지 아니하고 변질된 거짓말을 143년간 가르치고 믿으라고 외쳤다. 이제는 이 저주의 외침을 멈춰야 한다.

루하 רוּחַ 엘로힘 אֱלֹהִים께 야후 יָהּ 하렐루 הַלְלוּ (할렐루야)의 영광을 올려드립니다. 본서는 루하 엘로힘의 강력한 감동으로 거짓 없이 사실을 기록하여 한국교회와 세계교회에 알립니다.

1883년 10월 이후로 한국의 목회자들과 신학자들이 에하흐 엘로힘을 버리고 미신(迷信 - 미혹에 빠진 믿음, 종교적 과학적으로 망령되다고 생각되는 믿음) 신(神) 주관적인 하나님(단군신화 우상 신칭)을 가르쳐 왔다. 미신 신 하나님(존 로스가 만든 신칭)을 아무리 미화를 해도 이브리어와 헬라어 원어 텍스트에는 없다는 것이 팩트이다. 가짜(짝퉁)를 진짜다. 믿으라고 말하는 자는 영적 맹인들이요. 거짓목회자들이요. 삯꾼들이다(마 7:15, 마 15:14, 마 23:1-39, 고후 11:13-15, 사 56:10). 루하 엘로힘 아버지의 말씀을 왜곡하고, 백성을 그릇된 길로 인도하여 결국 멸망으로 이끄는 목회자들이다. 진리를 분별하지 못하는 영적으로 무지한 자들이다. 진리의 말씀을 보고도 깨닫지 못하며, 영적인 이치를 분별하지 못하는 목회자들이다. 참 목회자들은 진리의 말씀에 전문가들이다(살전 2:4, 딤전 4:6,12-16, 딤후 2:15, 눅 12:42, 행 20:27, 갈 1:10, 히 4:11). 70인역(LXX) 원본에서 시작된 데오스가 헬라신화의 하위 신이라는 것을 알고 있는 신학자, 목회자가 몇 명이나 될지 의문이다.

4.

당당뉴스 2023년 12월 18일, 반증

"존 로스의 선교 정책은 토착문화를 토대로 토착인에 의한 전도였다. 자립, 자전, 자치의 삼자 정책이며, 네비우스 보다 더 깊고 포괄적인 존 로스의 토착 선교정책이었다...

무엇보다도 하늘에 계신 최고의 하늘님을, 한국인의 정서에 맞도록 "엘로힘(히, Elohim. 창 3:8)", "데오스(헬,Theos. 막 10:18)", "God"을 "하느님"으로 1881년부터 최초로 표기하였다. 지식인들의 한문식 "상제"(上帝), "천주"(天主)를 민중이 애용하는 언어로 하느님/하나님으로 표기하였다."[21)

⑦ 반증(反證)

존 로스의 선교 정책은 토착문화를 토대로 토착인에 의한 전도였다. 자립, 자전, 자치의 삼자 정책이며, 네비우스 보다 더 깊고 포괄적인 존 로스의 토착 선교정책이었다고 하였다. 존 로스가 게으른 민족에게 "자립, 자전, 자치의 삼자 정책"은 참 잘한 선교정책이었다. 그러나 "토착문화를 토대"로 한 정책 중에 가장 큰 잘못이다. 한민족의 신칭인 하늘님, 하느님(하늘 heaven + 님 prince, 주관적 가상 神)을 하나님으로 최초로 누가복음에 표기하므로 한글 신구약성경에 '하나님'(주관적 가상 神)으로 표기되었으나 창조주 엘로힘이 아니다. 존 로스가 조선의 토속문화를 받아들여 만들어 낸 이름이다. 그래서 미신 神, 주관적 가상 神이요. 우상 신이다. 이브리어 원어 텍스트에 특정된 고유명사 '엘로힘'(남성복수)을 헬라어에서 헬라인의 일반 신 '데오스'(잡신, 잡귀)라고 하였다. 존 로스는 미신 神, 주관적 가상 神 하나님의 명칭을 만들어 한글성경에 표기 하였다. '엘'(남성단수)을 일반 신들과 동일하게 만든 것이다. 이것이 솨탄 - 마귀 - 귀신의 역사라는 것을 증명하고 있다. 이러므로 신학 서적들에서 세월이 지나면서 특정 된 고유명사 '엘로힘'과 '엘'이 일반명사가 되었다고 헛소리를 하고 있다.

신학자들과 목회자들의 소명과 사명은 왜곡된 진리를 바로잡아 가르쳐주는 것이다. 그런데 신학자들과 목회자들이 문제가 없다고들 한다. 이것이 신학의 현 주소이다. 에하흐 엘로힘께서는 이들에게 '눈 먼 소경이요. 벙어리 개들이라'고 하셨다(사 56:1-12, 마 15:14). 예슈아께서는 '나는 너를 모른다.'라고 하실 때가 반드시 온다(마 7:22-23).

존 로스는 돌이킬 수 없는 죄를 범하였다. 다른 것도 아닌 영이신 아버지의 이름을 토속문화의 우상의 이름으로 바꿔 버린 악행을 행하였다. 당시 "지식인들의 한문식 "상제"(上帝), "천주"(天主)를 민중이 애용하는 언어로 하느님/하나님으로 표기하였다."고 하였다. 어떻게 이런 악한 일을 하였는지 이해하려고 해도 안 된다. 양보할 것이 따로 있지 어찌하여 영이신 아버지의 이름을 버리고 우상의 신칭을 창조주 하나님으로 성경에 표기한 죄는 용서받을 수 없는 죄이다. 존 로스가 훗날 회개하지 않았다는 명백한 증거가 한글성경에 하나님으로 표기되고 있기 때문이다.

"God"을 상제와 "하느님"(heaven + prince)으로 1881년부터 최초로 표기하였고 1883년 10월 부터는 하느님(heaven + prince)을 하나님(미신 神)으로 한글성경에 기록하였다고 하였다. 그러나 "God"(일반 신)에는 "하느님"(하늘(天) heaven + 님(神) prince)이라는 의미가 전혀 없다. 그리고 "하늘(天) heaven + 님(神) prince"에도 하나님(一神)이라는 의미가 없다는 것을 알면 토속문화 한민족의 신칭이 미신 하나님(一神)이라는 것을 쉽게 알 수 있을 것이다. 보라. "God"을 "하느님"(하늘(天) heaven + 님(神) prince)으로 또 "하느님"((天神)(하늘 heaven + 님 prince, 주관적 가상 神))을 "하나님"(一神)으로 성경에 표기했다고 하였다. 필자의 말이 아니다. 이래도 이 미신 "하나님"(一神)을 믿으시겠습니까? 계속 부르실 겁니까? 한글 구약성경에서 엘로힘(만능들)을 미신 神, 신화의 神 '하나님'(주관적 가상 神)으로 바꿔버렸다. 이브리어 원어 텍스트 엘로힘을 헬라신화 하위 신 '데오스'로 바꿔버렸다.

'하나님'의 명칭은 이브리어 원어 텍스트에 나오지 않는다. 존 로스가 만들어 표기하여 한글성경에만 있다. 하나님이 창조주와 유일신이라면 다른 나라들에서도 사용해야 한다. 각 나라들의 성경들을 보라. 창조주와 유일신의 성호가 모두 다르다. 그렇다면 냉정한 이성을 가지고 연구해 봐야 한다. 그리고 반대를 하든지 정죄를 하든지 해야한다. 명확한 진리라면 삼삼오오 힘을 합쳐서 대개혁을 이루어가야 한다. 이 사실은 신학적으로도 큰 논쟁거리가 될 것이다. 그러나 대부분의 신학자들이 신학적으로 문제가 없다고 하는데 더 큰 문제라고 생각한다. 팩트는 믿고 받아들이는 것이다. 필자가 어느 목회자 모임에서 신구약 원어 텍스트에서 "하나님"이라는 명칭을 찾아오면 10억을 준다고 하였다. 신구약 원어 텍스트에는 1회도 없기 때문이다.

'내 백성이 지식이 없으므로 망하는도다. 네가 지식을 버렸으니 나도 너를 버려 내 코헨이 되지 못하게 할 것이요. 네가 네 엘로힘의 율법을 잊었으니 나도 네 자녀들을 잊어버리리라'(호 4:6)고 하셨다.

요한계시록 22:18-19절에 '내가 이 두루마리의 예언의 말씀을 듣는 모든 사람에게 증언하노니 만일 누구든지 이것들 외에 더하면 엘로힘께서 이 두루마리에 기록된 재앙들을 그에게 더하실 것이요. 19 만일 누구든지 이 두루마리의 예언의 말씀에서 제하여 버리면 엘로힘께서 이 두루마리에 기록된 생명나무와 및 거룩한 성에 참여함을 제하여 버리시리라'고 하셨다(신 4:2, 신 12:32, 레 26:18, 잠 30:6, 막 7:13, 계 19:20, 계 20:10).

심히 무섭고 두려운 말씀들이다.

---

* 지식이 없어 망한다는 말씀은 예슈아 십자가에 대한 지식이 소멸되어, 언약에서 잘라버림으로 파멸한다는 의미이다.

그렇다면 이제 우리가

개신교(세계교회)가 사용해야할 이름들을

신구약 원어 텍스트에서 알아보자.

아브라함은 '에하흐' 이름을 불렀다.

5.

한국 개신교회(세계교회)에서 믿고 불러야할
공식적인 이름들

개신교(세계교회)에서 불러야할 이름들의 대한 원어해설은 6. 하나이신 에하흐 엘로힘과 7. 영이신 루하가 어떤 분이신가를 알려주는 10가지 칭호들에서 간략해설을 보라.

신구약 원어 텍스트의 영이신 아버지의 공식적인 팩트의 이름과 칭호들의 사전적 의미들을 보라.

구약의 영이신 아버지의 공식적인 이름은 루하(영이시다, 창 1:2, 시 51:10)이시다. 루하는 항상 독립적이다. 카다소 루하(거룩한 영이시다, 시 51:11, 사 63:1-11)이시다. 신약의 영이신 아버지의 공식적인 이름은 프뉴마(영이시다, 마 4:1)이시다. 하기오스 프뉴마(거룩한 영이시다, 마 1:18,20)이시다. 공식적인 이름 외에 또는 칭호(신학적 용어는 속성)라고 하신 것은 루하와 프뉴마께서 어떤 분이신가를 더하여 알려주신 것이다. 이브리어 에하드(하나)와 헬라어 헤이스(하나)라고 하신 것은 이름과 칭호들이 루하와 프뉴마와 '하나'라는 의미이다. 존 로스가 토속문화를 받아들여 표기한 하나님은 창조주 엘로힘이 아니다. 주관적 가상 神, 미신

神, 신화의 神일 뿐이다.

영이신 아버지의 본명과 종합적인 칭호들을 보라.

영이신 아버지의 본명은 이브리어는 루하이시다(창 1:2). 헬라어는 프뉴마이시다(요 4:24). 영이신 아버지께서 어떤 분이신가를 알려주는 이름과 칭호들의 종합을 보라. 영이시기에 알 수 없고 볼 수 없는 분이시므로 이름과 칭호들을 통하여 알려주신 것이다.

■ 창조주 엘로힘, 영이신 아버지의 본명과 종합적인 칭호들을 보라.

(1) **루하** רוּחַ (영이시다, 영이신 아버지이시다. 창 1:2, 요 3:5-9, 롬 8:14-16, 고후 6:18, 갈 4:6, 렘 3:9), רוּחַ (7307, 루하 - 영, 숨, 바람, 광활하다, 안도하다, 안식하다, 휴식, 안식, 구조, 구원, 냄새를 맡다, 향내를 맡다, 감지하다. 아버지의 본 이름은 영(이브리어 루하, 헬라어 프뉴마)이시다. 나머지의 이름과 칭호들(출 3:15)은 영이신 아버지가 어떤 분이신지를 알려주신 것이다.

(2) **콰다소** קָדֹשׁ **루하** רוּחַ (거룩한 영이시다, 시 51:11, 사 63:10-11), **콰다소** קָדֹשׁ (6942, 마소라 모음 표기 - 콰다소, 사전 표기 - 카다쉬 - 거룩하다, 거룩하게 하다, 성별하다, 봉헌하다, 성화(성결)하게 하다, 분리됨, 거룩함, 신성함) **루하** רוּחַ (7307, 루하 - 영, 숨, 바람, 생명)

(3) 엘로힘 אֱלֹהִים Elohim (만능들이시다, 창 1:1, God은 이브리어 원어 텍스트에 없다. Elohim은 있다)

(4) 루하 רוּחַ 엘로힘 אֱלֹהִים (영은 만능들이시다, 창 1:2, 창 41:38, 출 31:3)

① 나는 루하 רוּחַ(나는 영이다. 명사 여성 단수 - 1인 공성 단수, 창 6:3)

② 루하 רוּחַ 하크맣 חָכְמָה (영은 지혜이시다, 출 28:3)

(5) 에하흐 יהוה 엘로힘 אֱלֹהִים (에하흐는 능력과 생명으로 실존하시는 만능들이시다, 창 2:4)

(6) 엘 אֵל El (힘과 강함이시다, 창 14:18)

(7) 엘로바후 אֱלוֹהַּ (마소라 모음 표기 - 엘로바후, 사전 표기 - 엘로아흐, 힘과 권능이시다, 신 32:15, 욥 3:4, "엘로아흐"(Eloah)는 영어 음이다. 모음어는 '엘로바흐'(Elobh)이다. 영어와 한글소리글이 이브리어 모음 표기와 다르게 번역 된 "명사"들이 많다. 자세히 보라. 마소라 모음 표기, 사전 표기, 영어표기, 한글표기가 모두 다르다.

필자는 이런 것들을 올바르게 분별 적용하고 가르치자는 것이다(딤후 2:15). 그리고 '엘로바후' 60회중에 신명기(신 32:15)에 처음 나오고 욥기에 엘로바후가 40회 나온다. 욥기 1-2장에는 모두 '엘로힘'이다. 욥기 3:4절부터 '엘로바후'로 바뀐다. 이요브(욥)는 우츠(우스)인이다(욥 1:1). 우츠의 토속문화의 영향으로 보인다. 엘로바후는 이방 신들(창 35:2, 출 18:11, 20:3, 수 24:20)에게도 쓰였다.

(8) 예슈아 יְשׁוּעָה (에하흐는 구원이시다, 승리, 번영과 복지의 행복을 주신다, 창
    49:18)

(9) 아브 אָב (집을 만드시는 만능의 아버지, 신 32:6)

(10) 빠알 בַּעַל (영적남편이시다, 사랑과 보호의 남편이시다, 사 54:5, 렘 3:14, 예
    슈아는 신랑 성도들은 신부, 마 25:1-10, 고후 11:2, 엡 5:32, 계 19:7, 계 21:9)

(11) 아도나이 אֲדֹנָי (나의 주, 나의 주님이시다, 창 15:2)

■ 이외에 복합 칭호들

(12) '엘 라앟'(엘께서 그 여자를 바라보셨다)는 엘과 라앟의 합성어이다.
    엘 אֵל (410, 엘 - 힘께서 만능께서, 강함이신 분께서) 라앟 רָאָה (7200, 라
    앟 - 그 여자를 바라보셨다. 그 여자를 조사하셨다. 창 16:13)

(13) '엘 솨땅'(엘은 전능하시다)는 엘과 솨땅의 합성어이다.
    엘 אֵל (410, 엘 - 힘께서 만능께서, 강함이신 분께서) 솨땅 שַׁדַּי (7706 솨땅
    - 전능하시다. 창 35:11)

(14) '엘 오람'(엘은 영원하시다)는 엘과 오람의 합성어이다. 엘 אֵל (410, 엘 - 힘께서 만능께서, 강함이신 분께서) 오람 עוֹלָם (5769, 오람 - 영원, 영속, 끝이 없는 무한한 기간, 창 21:33)

(15) '엘 나함'(엘은 위로하신다)는 엘과 나함의 합성어이다. 엘 אֵל (410, 엘 - 힘께서 만능께서, 강함이신 분께서) 나함 נָחַם (5162, 나함 - 위로하심, 사 40:1)

(16) '에하흐 엘로힘 칸나아'(에하흐 엘로힘은 질투하신다)는 에하흐 엘로힘과 칸나아 합성어이다. אֵל (410 엘 - 힘께서 만능께서, 강함이신 분께서) קַנָּא (7067, 칸나아 - 질투하는, 시샘하는, 출 34:14)

(17) '에하흐 치드케뉴'(에하흐는 우리의 의이시다)는 에하흐와 체데크의 합성어이다. יְהֹוָה צִדְקֵנוּ (3072, 에호바흐 치드케누 - 에하흐는 우리의 의이시다. 렘 23:6)

(18) '에하흐 이르엫'(에하흐께서 자신을 나타내 보여주신다. 창 22:14)는 에하흐와 이르엫의 합성어이다. יְהֹוָה יִרְאֶה (3070, 에호밯 이르엫 - 에하흐께서 자신을 나타내 보여주신다)

이르엘 간략해설

이르엘는 자신을 나타내보여 주신다, ~보게 하신다, ~알게 하신다, 즐거워하게 하신다, 느끼게 하신다는 다양한 의미들이다.

이르엘의 번역을 '준비하신다.'라고 하였으나 아니다. 아브라함이 수풀에 숫양의 뿔이 걸려있는 것을 보게 하신다는 의미와 그 숫양을 통하여 장차 오실 예슈아를 영적으로 느끼게 하신다. 알게 하신다는 것이다. 자기의 죄를 위하여 저주의 십자가에서 죽으실 것을 보여 주신 것이다. 아브라함에게 예슈아의 구속을 바라보고 감사하며 즐거워하라는 것이다(요 8:56).

필자가 복합칭호에서 '여호와', '예호바', '야웨'를 모두 '에하흐'라고 표기하는 이유는 루하 엘로힘' 아버지를 알려주는 '에하흐'는 이브리어 원어 텍스트에 '여호와', '예호바', '야웨'는 없는 오역이기 때문이다. 복합칭호에 마소라 모음 표기에 따라 '에호비흐'와 '에호바흐'표기는 하지만, 마소라 학자들의 가장 큰 실책의 모음 표기이다. 모음 표기는 읽기 위함일 뿐이다. 이브리어의 뜻은 자음에 들어 있다. 그래서 이를 바로잡는 차원에서 모두 '에하흐'로 통일하여 번역하였다.

지금은 다소 혼란이 있겠지만 훗날에 올바르게 표기할 날이 올 것이다. 이런 혼란은 마소라 학자들이 복합칭호에 모음을 표기할 때 신중하지 못하여 발생하였다. * 필자는 바이블렉스10.0에서 원어를 인용한다.

그리고 영어가 패권국의 언어이지만 거룩한 영이신 루하 엘로힘의 '아말' - אָמַר(559, 아말 - 말하다, 선언하다, 명령하다, 약속하다, 약 5,300회), '따발'

- דָּבַר(1696, 따발 - 말하다, 선언하다, 담화하다, 명령하다, 약속하다, 경고하다, 위협하다, 노래하다, 약 1,150회), '콜' - קוֹל (6963, 콜 - 소리, 목소리, 음성, 약 500회 이상), '네움' - נְאֻם(5002, 네움 - 말함, 발언, 신탁, 376회)의 말씀까지 미국의 패권 아래로 들어갈 수는 없다. 영어는 게르만어파의 언어이지만, 약 5%의 영어 단어가 그리스어(헬라)에서 직접 유래했으며, 4분의 1 가량의 단어는 그리스어(헬라)의 영향을 받은 것으로 보인다. 역사적, 문화적 교류를 통해 라틴어(고대 로마 제국의 공통어)와 함께 그리스어의 영향을 매우 많이 받았다. 따라서 영어 단어의 상당 부분이 그리스어 어원과 연결되어 있는 영어의 중요한 요소이다 특히 과학, 의학, 철학 분야에서 그리스어 어근이 많이 사용되었다.

'11 어느 나라가 그들의 신(神)들을 신(神)들이 아닌 것과 바꾼 일이 있느냐. 그러나 나의 백성은 그의 영광을 무익한 것과 바꾸었도다. 12 너 하늘아 이 일로 말미암아 놀랄지어다 심히 떨지어다 두려워할지어다. 에하흐의 말씀이니라. 13 내 백성이 두 가지 악을 행하였나니. 곧 그들이 생수의 근원되는 나를 버린 것과 스스로 웅덩이를 판 것인데 그것은 그 물을 가두지 못할 터진 웅덩이들이니라.'(렘 2:11-13)고 하셨다.

"이브리어(히브리어 Hebrew) 구약성경을 고대 그리스어(헬라) 번역본인 70인 역에 헬라(그리스)와 로마의 토속문화가 반영 되었다는 것을 부인할 수 없는 사실이다. 기원전 3세기경 이집트 알렉산드리아에서 이브리어 성경을 그리스어(헬라)로 번역 작업을 진행하기 위해 이스라엘의 1지파에서 6명씩 선발된 총 72명의 유대인학자들이었다. 이브리어 고유명사 '엘', '엘로힘'을 데오스(데오스는 특정 신의 고유명사가 아니라, 일반적인 신의 개념을 나타내는 용어, 포괄적인 신(God)의 개념)로 바꿔버렸다.[22]

고유명사 '엘'(남성단수)과 '엘로힘'(남성복수)은 번역을 해서는 안 된다. 이브리어 원어의 원음(原音)을 그대로 한글, 영어, 헬라어로 표기해야 한다. 그러나 72명의 유대인학자들은 특정 된 고유명사 '엘'과 '엘로힘'으로 표기하지 않고 헬라신화의 하위 신 '데오스'로 표기하는 원흉들이 되었다. 쇠탄의 미혹을 한 번 받아들임으로 전 세계 기독교인들이 헬라신화의 하위 신 '데오스'를 '엘로힘'으로, 유일한 창조주로 알고 믿게 하였다(창 1:1, 요 1:1-3). 이런 과거가 분통이 터진다. 헬라인들에게 '데오스'는 특별한 의미가 없는 하위 신의 명칭이다. '데오스'는 헬라신화의 하위 신, 토속의 신일뿐이다.

거짓말쟁이, 욕심쟁이 살인자 쇠탄은 하부하(하와)와 아담을 거짓말로 속여 죽였다. 이 죽음의 역사는 쇠탄이 셰올(영적인 감옥, 유황불 지옥)에서 영원히 갇히는 날까지 계속 될 것이다(계 20:1-3,10). 이스라엘에는 유대인학자 72인과 마소라 학자들이 있었다. 대한민국에는 존 로스와 대한성서공회와 방관하는 각 교단의 단체장들과 신학자들, 목회자들이 있었고, 계속 이어져오고 있다. 이들은 성도들에게 '마귀를 대적하라.' '정신을 차리고 깨어 근신하여 기도 하라'고 가르칠 것이다.

이제는 끝내야 한다. 성경과 찬송가를 엘로힘으로 표기해야 한다.

아!~ '루하 엘로힘 아브'(영이신 만능들의 아버지)께서 어떤 분이신지를 알려주는 이름들이 모독 נָקַב (5344, 마소라 모음 표기 - 나캅 / 사전 표기 - 나카브 - 찌르다, 뚫다, 저주하다, 악담하다)을 받고 있다. 망령 שָׁוְא (7723, 마소라 모음 표기 - 솨붕 / 사전 표기 - 샤우 - 텅빔, 공허, 헛됨, 허무, 허위, 거짓)되이 일컬어지고 있다. '엘'과 '엘로힘'을 '헬라인의 신', '데오스'(신화 하위 신)라고 하였다. '엘'과 '엘로힘'을 '한민족 미신 하나님'이라고 일컫고 있다. '루하 엘로힘 아브'(영이신 만능들의 아버지)를 모독하며 저주하고 있다(레 24:11-16). 모독도 이런 모독이 없다. 저주도 이런 저주가 없다. 이렇게 헛되고 공허한 것이 또 없을 것이다. 세계 기독교에 모든 신학자와 목회자들과 성도들이 허무하고 공허한 거짓의 신, 미신 하나님을 아버지라고 부르고 있다. 창조주라고 믿고 섬기고 있다. 이 정도라면 저주를 피할 길이 있겠는가를 생각해 보라. 헬라인들은 다신론 자들이다.

헬라인들의 올림포스 13신들이 있다. ① 제우스(신들의 왕, 최고신), ② 헤라(제우스의 아내, 신들의 여왕, 가정의 여신), ③ 포세이돈(바다의 신, 지진과 말을 주관), ④ 데메테르(농업과 수확의 여신), ⑤ 아테나(지혜, 전쟁, 공예의 여신), ⑥ 아폴론(태양, 음악, 예언의 신), ⑦ 아르테미스(달의 신, 사냥과 순결의 여신), ⑧ 아레스(전쟁의 신), ⑨ 아프로디테(사랑과 미의 여신), ⑩ 헤르메스(신들의 전령, 상업과 도둑의 신), ⑪ 헤파이스토스(불과 대장장이의 신), ⑫ 헤

스티아(화로와 가정의 신), ⑬ 디오니소스(술과 축제의 신) 등이 주요 신들이
다. '데오스'는 일반 신의 명칭이다. 당시 헬라의 신화나 철학 세계에
등장하는 신들에게도 붙여진 명칭의 신이었다. 심지어 파울로스(바
울)에게도 붙여진 신의 이름이 '데오스'이다(행 28:6).

　파울로스(바울)은 '헤르메스', 바르나바스(바나바)을 '제우스'라고 하면
서 신들(데오스, 명사 주격 남성복수)이 나타났다고 소동하였다(행 14:11-12).
파울로스(바울)는 아덴 사람들이 '알지 못하는 신'(데오스, 명사 여격 남성
단수)라고 하였다(행 17:23). 헬라인들은 사람들에게도 신격화 하였다는
확실한 증거이다. 헬라인들의 신관에서 증명되었다.

　이브리어 원어 텍스트에 '엘로힘'(창 1:1), '루하 엘로힘'(창 1:2), '에하흐
엘로힘'(창 2:4)은 특정(特定 - 특별히 정하여져 있음)되어 있는 영(루하)이신
아버지께서 어떤 분이신지를 나타내는 이름들이다. 이외에 또 다른
'엘로힘', '루하 엘로힘', '에하흐 엘로힘'은 없다(출 3:14-15, 출 15:11, 출 20:3,
신 6:4-5, 사 43:10, 사 44:8, 사 45:21, 고전 8:4). '엘로힘'(창 1:1), '루하 엘로힘'(창
1:2), '에하흐 엘로힘'(창 2:4)은 헬라신화의 신 '데오스'(하위 신)와 '한민족
의 하나님'(주관적 가상 神, 미신)이 아니다.

　패권국들의 언어가 '루하 엘로힘 아브'(영은 만능들의 아버지)의 뜻을 왜
곡시켰다는 것을 목회자들과 신학자들이 인정하고 받아들일 때, 이
브리어 원어의 본질로 돌이킬 수 있다. 어느 시대나 인간들의 타락
의 원인은 교만이다. 그 교만은 자기의 분수를 모르는 것이다. 그러

므로 쇠탄의 본질이 교만이다(사 14:12-15, 잠 16:18). 하부하(하와)와 아담의 타락도 교만이다(창 3:4-6). 이브리어 원어의 본질로 돌이키자는데 대하여 반대할 자는 없을 것이다. 기독교의 핵심은 원어 텍스트로 돌이킴이기 때문이다.

교만의 극치는 영(루하)이신 엘로힘 아버지의 말씀을 불순종(거절, 반항, 버림)하는 것이다. '루하 엘로힘 아브'의 말씀을 불순종하는 것이 최고의 교만이라는 것을 아는 사람이 많지 않을 것이다. 유황불 지옥에 들어가는 대표적인 죄이다(요 3:16-18, 계 21:8, 계 22:15,18-19).

우리 목회자들과 신학자들이 생명 걸고 100% 지켜야할 믿음은 오직 신구약 원어 텍스트의 본질이다. 신구약 성경에서 미신 신 하나님(주관적 가상 神)을 삭제 하고 창조주 '엘로힘'으로 표기해야 한다. 신구약 원어 사본 텍스트에서 영어로 번역한 것을 토대로 하는 것이 아니라. 이브리어 원어 사본 텍스트로부터 한글과 세계 선교 국가들에 언어들로 번역되어야 오류와 왜곡을 미연에 방지할 수가 있다. 신구약 성경에 창조주 '엘로힘'으로 번역 표기해야 한다.

많은 신학 서적들에서는 에하흐(여호와 Jehovah)을 하나님이라고 표기 하였다. 예컨대 복합칭호 수십 개 중에 두 개만 소개한다. ① '여호와 삼마(Jehovah Samma '하나님은 어디든지 계시는 분이십니다')', ② '여호와 닛시((Jehovah) Nissi '하나님은 승리케 하시는 분이십니다')' 라고 하였으나. 에하흐(여호와)는 '하나님'이 아니다. 에하흐의 뜻 안에 '하나님'이라는 의미가 전혀 없다. '엘로힘'의 의미도 없다. 이렇게 혼용해서 사용해서는 안 된다. 영이신 아버지의 이름들을 구별해서 정확하게 사용해야 한다.

에하흐(능력과 생명으로 영원히 실존하시는 분이시다, 손의 능력으로 되게 하시고, 하게하시는 능력이시다)는 에하흐이시다. 그리고 엘로힘(만능들, 힘들, 강함들 등등)은 엘로힘이시다. 한국교회에는 이브리어 원어의 원칙이 무너져 있다는 심각한 증거이다. 에하흐 엘로힘의 이름을 모독하는 것으로 끝나지 않는다. 죽고 죽는 저주를 받는다(레 24:16, 신 18:20).

루하 엘로힘 아버지께서 이 무서운 팩트의 말씀을 21세기 마지막 때에 이브리어 원어 진리에로 회귀(回歸 - 제자리로 돌아감)하게 하라는 말씀을 생명을 내어놓고 전파(傳播)하고 있다(욘 1:2, 겔 2:1-7, 겔 3:1-11,17-21,27, 마 10:28, 막 16:15-16, 행 20:26-27, 딤후 4:2,1-5). 필자는 '지부상소'(持斧上疏 - 필자의 말이 틀리면 도끼로 필자의 머리를 쳐달라는 각오로 목숨을 걸고 집필을 한다)의 심정으로 선봉에 선다. 에하흐께 '되돌아가, 회복해야 산다.' שׁוּב (7725, 슈브 - 되돌아가다, 되돌아가 회복하다, 눅 15:18-20,10-32, 마 7:20, 또 다른 말씀들(향하라 - 수 24:23, 기경하라 - 호 10:12, 속하라, 씻어버리라 - 렘 4:4,14))

■ 이브리어 원어 백과사전 내용들을 보라.

이브리어 표기, 한글 표기, 사전 표기, 영어 표기들을 보라.

"예호와는 이스라엘의 하나님을 나타내는 고유명사이며, '여호와, 야훼'로 음역한다. 우리가 "여호와"라고 부르는 하나님의 명칭은 본래 히브리어 4자음 문자 '요드, 헤, 와우, 헤(YHWH)'로 구성되어 있다. 이 신성 4문자(Tetragammaton - 네 개의 글자)는 하나님의 인격적 이름으로 성경에서 창세기 2:4절에 처음으로 나타나며, 구약성경을 일관해서 총 6,000여회(cf. BDB) 나타난다."고 하였으나 아니다. 창세기 2:4절은 에하흐 엘로힘이다. 그리고 "요드, 헤, 와우, 헤(YHWH)"라고 하였으나 이브리어 원어는 요드 ', 헤이 ה, 바브 ו, 헤이 ה는 곧 에하흐 יהוה이다. 그리고 야훼(YHWH)도 아니다.

또 "יְהוִֹה (3069, 예호와야웨, 여호와 Jehova) 예호와(야웨)는 예호와(יהוה, 3068)과 동일하며, 이스라엘의 하나님을 나타내는 고유명사 '여호와'를 가리킨다." 고 하였고 "יְהוִֹה יִרְאֶה (3070, 여호와 이레 Jehovahjireh) 예호와 이레는 예호와(יהוה, 3068)와 라아(רָאָה, 7200)에서 유래했으며, '여호와께서 준비하시다(또는 보시리라)'를 의미한다."고 하였으나 아니다. 독자들이 눈으로 확인하고도 믿지 않는다면 죽는다. 파멸한다. 영멸한다. 필자의 말이 아니다. 객관적인 '루하 엘로힘' 아버지의 말씀이다 (레 24:16, 신 18:20, 계 21:8, 계 22:15, 18-19).

'예호바', '야웨' 괄호 안에 영어(Jehova)와 한글과 맞지 않는다. 이브리어 마소라 모음 표기 '에호비흐'와 '에호바흐'의 모음이 잘못 표기되었기에 올바르게 잡는 것이다. 이런 사역을 신학자들이 해야 하지만 모르쇠로 일관하므로 목회자인 필자가 선구자로 나선 것이다. 우리 후세대들에게 이렇게 왜곡되어 있는 학문과 성경을 물려줄 수가 없다. 이브리어 자음이 같으면 모음이 다르다 할지라도 그 의미는 항상 동일하다.

마소라 모음 표기인 '에하흐', '에호비흐', '에호바흐'를 한글 성경에는 모두 '여호와'라고 번역 표기하고, 사전 표기 '예호와', '예호와야웨'라고 하였으나 역시 이브리어 원어 텍스트의 마소라 모음 표기가 아니다. 이브리어 원어 텍스트 마소라 모음 표기는 '에하흐'이다.

필자는 이런 오기(誤記)를 발견 하면서 느끼는 것은 성경번역에 필연 쇠탄의 개입이라고 명백하게 말할 수 있다. 쇠탄의 개입이 없었다면 이렇게 번역할 수가 없다. 이브리어를 헬라어(70역본 LXX)로 번역할 때에도 쇠탄이 개입하였다. 쇠탄은 이브리어 '엘로힘'을 헬라어 일반명사 '데오스' θεός(헬라신화 신, 행 28:6 - 파울로스에게 '데오스'라고 함, 사람에게도 흔하게 쓰인 '데오스' 신이다)로 번역하도록 미혹하였다.

이브리어에 '엘로힘'이면 헬라어(코이네 그리스어)에도 '엘로힘' 원음(原音)그대로 표기해야 한다. 이브리어에 '엘로힘'이면 한글 성경에도 '엘로힘' 원음(原音)그대로 표기해야 한다. 세계 모든 나라에 성경에 '엘로힘' 원음을 그대로 옮겨 표기해야 한다. 이것이 원칙이다. 이 원칙이 모두 무시되었다. 영이신 아버지께서 어떤 분이신지를 알려주는 이름은 번역(飜譯)하면 안 된다. 이브리어 원어의 원음(原音)을 옮겨 표기하면 쇠탄의 미혹에 넘어가지 않는다. 루하 엘로힘의 뜻이다.

패권국에 생명위협이 있어도 양보해서는 안 될 것을 예후다인(유대인)학자 72인은 엘로힘을 버리고 헬라인들의 토속문화(신화, 의례, 풍속,

주술, 점복, 세시풍속, 통과의례 등)의 일반 신 '데오스'(헬라신화 신, 행 28:6 - 파울로스에게 '데오스'라고 함, 사람에게도 흔하게 쓰인 '데오스'이다)를 받아들인 것이다(삼상 8:7, 삼상 10:19, 삿 10:13, 삼상 12:10, 사 1:3, 렘 2:11, 렘 4:22, 렘 5:31). 쏴탄에게 속아서 각 나라에 언어로 번역을 하는 것이다(요 8:44, 요 10:10, 창 3:4-6,19, 레 24:16, 신 18:20). 이브리어 한글 사전 표기와 영어 표기에도 쏴탄이 개입하였다는 것도 부인할 수가 없는 사실이다.

필자의 이름은 조길봉이다. 한문은 趙吉奉이다. 영어는 Gil-Bong Jo이다. 일본어는 チョ·ギルボン이다. 고유명사는 이렇게 옮겨 표기하는 것이 원칙이다. 사람의 고유명사 이름도 이렇다. 하물며 루하(영) 엘로힘(만능들) 아브(아버지)께서 어떤 분이신지를 알려주신 고유명사 에하흐 엘로힘의 이름을 헬라인들의 토속문화의 하위 신 '데오스'(헬라신화 신, 사도행전 28:6절에 파울로스를 '신' - '데오스'라고 하였다. 사람에게도 흔하게 쓰인 '데오스'이다)로 이름을 바꾼 것은 에하흐 엘로힘을 모독하는 죄요. 악행이다. 쏴탄의 역사이다.

'어느 나라가 그들의 신(神)들을 신(神)들이 아닌 것과 바꾼 일이 있느냐. 그러나 나의 백성은 그의 영광을 무익한 것과 바꾸었도다. 12 너 하늘아 이 일로 말미암아 놀랄지어다 심히 떨지어다 두려워할지어다. 에하흐의 말씀이니라. 13 내 백성이 두 가지 악을 행하였나니 곧 그들이 생수의 근원되는 나를 버린 것과 스스로 웅덩이를 판 것인데 그것은 그 물을 가두지 못할 터진 웅덩이들이니라.'(렘 2:11-13)고 하셨다.

유대인 72인이 이브리어를 헬라어로 번역하는 과정에서 '엘'(고유명사 남성단수)과 '엘로힘'(고유명사 남성복수)를 헬라어 '데오스'(헬라신화 신)로 번역한 것은 돌이킬 수 없는 악을 행하므로 전 세계 기독교인들이 헬라신화의 하위 신을 아버지로 믿고 섬기게 하였다.

우리가 무엇을 믿어야 하고 가르쳐야 합니까? 혁명적 대개혁을 하지 않고서는 목회자들과 신학자들, 성도들이 예슈아께 버림받아 유황불 지옥에 들어 갈 수밖에 없다(마 7:20-23, 13-27, 호 4:6). 예슈아께서 나는 너를 모른다고 하는 날이 온다. 한번 죽는 것은 정하여 있다(창 2:17, 창 3:19, 히 9:27). 누구도 피할 수가 없다. 죽음의 그 날, 그 순간에는 돌이킬 기회가 주어지지 않는다. 그 날이 오기 전에 돌이켜야 한다. 목회자들과 신학자들이 회심해야 한다. '슙' שוב (7725, 마소라 모음 표기 - 슙 / 사전 표기 - 슈브 - 되돌아가다, 되돌아오다, 원상회복하다)해야 한다. '메타노이아' אנשארהם (3341, 메타노이아 - 마음의 변화, 회개, 회심, 마음을 바꾸다, 회개하다, 회심하다)해야 한다. 회심만이 살길이 열린다. 다른 길, 다른 방법이 없다. 미루지 말아야 한다.

한글 표기, 사전 표기, 영어 표기, 이브리어 표기가 통일 된 것이 하나도 없다는 것을 보았을 것이다. 이것이 대한민국에 신학의 현실이라면 믿으시겠습니까? 그러나 어처구니없는 사실이다. 상식 밖의 황당한 사실이다. 이것을 바로 잡지 못한다면 대한민국의 신학은 죽은 것이다.

알면 살고 모르면 죽는다(호세아 4:6). 알아도 지켜야 살고 지키지 않으면 죽는다(막 3:29, 살후 1:8-9, 히 6:4-8, 약 2:20-26).

'내 백성이 지식(따알 - 지식, 이해)이 없으므로(뻬리이 - 닳아 떨어짐, 다 없어짐, 소멸) 망하는도다(따맣 - 언약에서 베어내다, 멸망하다, 파멸하다) 네가 지식을 버렸으니(마아쓰 - 거절하다, 멸시하다) 나도 너를 버려(마아쓰) 내 제사장(코헨 - 고위공직자 직무수행을 못함, 출 19:6, 벧전 2:9)이 되지 못하게 할 것이요 네가 네 엘로힘의 율법(토라 - 예슈아 십자가의 복음)을 잊었으니(쇼카흐 - 잊다, 모른다) 나도 네 자녀들을 잊어버리리라(쇼카흐)'(호 4:6).

직역 문장정리 : 왜냐하면 내 백성이 그 지식이 다 없어져서 이들이 배어냄을 당하여 멸망한다. 네가 그 지식을 멸시하여 거절하였으니 나도 너를 멸시하여 거절하고 나에게 코헨(주요공직자, 통치자, 지배자)의 직분을 수행하지 못하게 하며 네 엘로힘께서 가르쳐주신 십자가 복음을 네가 잊었으니 내가 또 네 아들들을 잊으며,

호세아 4:6절 중심으로

דַעַת (1847, 마소라 모음 표기 - 따알(따아트), 사전 표기 - 다아트 - 지식, 이해)이다.

'따알' 간략해설

따알의 지식은 일반지식을 말하는 것이 아니다. 이 지식이 무엇인지를 '따알'에 담아 놓으셨다. '따알'은 예슈아께서 십자가 위에서 저주의 대리적 속죄를 완성하시므로 생명의 문이시고, 선한목자이신 예슈아에 대한 영적 지식이다. 이 영적지식은 영적 눈, 귀, 마음이 열려야 보이는 복음이다. 입을 열어 이 복음을 믿고 마음에 받아들이게 된다(롬 10:9-10). 예슈아께서 나를 위하여 십자가에서 대신 죽으셨다는 눈이 열려야 한다. 이 눈이 열리면 생명의 문이신 예슈아께서 보이기 시작한다. 생명의 문을 통과하면서 생명의 꼴을 먹게 된다(요 10:1-3,7,9, 계 3:20, 시 100:3-4, 겔 34:12).

'따알'의 지식은 예슈아께서 십자가에서 나를 위하여 대리적 속죄의 희생물이 되셨다는 표시, 증거가 마음에 있어야 한다. 자기가 생명의 문이신 예슈아 안에 있고 예슈아께서 자기 안에 있는 것이 느껴지고 이해가 된다. 이것이 '따알'의 지식이다.

예슈아 십자가의 복음이 이해가 되지 않는 사람은 영적인 눈, 귀, 입, 마음이 닫혀있는 사람이다. 이 사람이 멸망한다는 말씀이다.

코헨은 희생물만 관리하는 자가 아니다. 파라클레토스(보혜사) 하기오스(거룩한) 프뉴마(영)께서 사람에게 임하신 후로는 왕 같은 만인 코헨들이다 (벧전 2:9). 그러므로 코헨의 직무를 엘로힘 앞에서 수행하지 못한다는 것은 영적 코헨의 직무를 수행하지 못한다는 말씀이다. 왕국에서 통치권 지배권을 수행하지 못한다는 것이다. 거듭나지 못하였다는 것이다. 엘로힘 אֱלֹהִים 왕국 מַמְלָכָה (4467, 마소라 모음 표기 - 마므라캄/ 사전 표기 - 마므라카 - 왕국, 통치권, 통치, 지배)에 들어가지 못한다는 말씀이다. 엘로힘 왕국은 '루하(영) 엘로힘(만능들) 아브'(아버지)이시다(전 12:7, 요 16:28). '루하 엘로힘 아브'께 돌아가지 못하면 유황불 지옥에 들어간다는 것이다.

'망하는도다' דָּמָה (1820, 마소라 모음 표기 - 따망(따마흐), 사전적 의미 - 그치다, 끝나다, 끝나게 하다, 끊다, 잘라(베어)내다, 멸망하다, 파괴하다, 언약에서 잘라내다, 호 4:6, 사 6:5), '따망' 어근은 '땀' דָּם (1818, 마소라 모음 표기 - 땀, 사전 표기 - 담 - 피)이다.

따망 간략해설

생명을 언약에서 자라낸다, 멸망한다, 파괴한다는 것은 육신의 생명(피)을 끊어낸다. 죽임을 당한다. 영혼이 영원히 유황불 지옥에서 멸망을 한다는 것이다. 왜 그럴까요? 생명진리의 말씀이신 예슈아께서 이 땅위에 오셔서 저주에 십자가에서 저주를 받을 자기를 위하여 대리적 속죄의 피 흘려주신 것을 믿지 않기 때문이다. 생명의 문이신 예슈아를 통하지 않고는 누구든지 죄 사함과 영생구원을 받을 수 없다(요 14:6, 요 10:1-3,7,9,1-18, 요 1:12-13, 요 3:16, 행 2:38, 행 16:31, 롬 10:9-10).

'문' אֶרֶשׁ(2374, 뒤라 - 문, 입구) 명사 '뒤라' 이브리어 역어는 '페타흐' פֶּתַח (6607, 페타흐 - 열린 문, 통로, 출입구)이다.

페타흐 간략해설

유월절 어린양이신 예슈아께서 때가 차서 오셨다. 저주받은 택한 백성들을 위하여 저주의 십자가 위에서 대리적 속죄의 희생물이 되셨다. 이 '페타흐'의 문이 열려있다(고전 1:1-21, 딤전 2:4). 개방되어 있다(계 3:20, 요 1:12-13, 요 3:16-18, 요 14:6). 이 문이 닫히는 날이 온다(마 25:10-13). 닫히기 전에 들어가야 한다. 미련한 다섯 처녀는 예슈아를 믿지 않은 자들이다. 교인이었다. 교인에게는 죄 사함의 문, 영생구원의 문이 닫혀있다. 믿음은 나눠 줄 수가 없다(마 25:8-9, 히 4:1-3,6,11, 가짜성도 구별법 - 마 7:16,20, 히 6:4-8). '루하 엘로힘 아브의 마므라캄'(왕국)은 누구의 손잡고(선행과 공로, 돈) 가는 곳이 아니다. 오직 개인의 믿음으로 간다. 개인의 신앙고백으로 '루하 엘로힘 아브의 마므라캄'(왕국)으로 간다(롬 10:9-10).

(19) '엘 에레온'(엘은 지극히 높으시다)은 엘과 에레온의 합성어이다. 엘 אֵל (410, 엘 - 힘께서 만능께서, 강함이신 분께서) 에레온 עֶלְיוֹן (5945 마소라 모음 표기 - 에레온, 사전 표기 - 엘욘 - 높으시다, 지극히 높은신 엘, 창 14:18).

(20) '임마누엘'(우리와 함께하시는 엘이시다)은 임 (עַם, 5973: ~와 함께)과 엘 (אֵל, 410: 엘 - 힘, 만능, 강함)의 합성어이다. עִמָּנוּאֵל (6005 임마누엘 - '우리와 함께 하시는 엘이시다.', '엘이 우리과 함께 계신다.', 창 7:14)

(21) '에하흐 솸맣'(에하흐께서 거기에 계신다)는 에하흐와 솸의 합성이다.

יְהֹוָה (3068 마소라 모음 표기 - 에하흐 - 능력과 생명으로 영원히 실존하시는 분, 사전 표기 - 예호와) שָׁם (8033 마소라 모음 표기 - 솸, 사전 표기 - 샴 - 거기에, 겔 48:35) שָׁמָּה: (솸맣)

(22) '에하흐 하난'(에하흐는 은혜를 베신다)는 에하흐와 헨의 합성어이다.

יְהֹוָה (3068 마소라 모음 표기 - 에하흐-능력과 생명으로 영원히 실존하시는 분, 사전 표기 - 예호와) חָנַן (2603 하난 - 호의, 은혜를 베풀다, 자비하다)동사 하난 어근은 헨 חֵן (2580 헨 - 은혜, 매력, 아름다움, 창 6:8)

(23) '에하흐 닜씽'(에하흐는 나의 깃발이시다, 에하흐는 나의 승리이시다)는 에하흐와 네쓰의 합성어이다. יְהֹוָה (3068 마소라 모음 표기 - 에하흐 - 능력과 생명으로 영원히 실존하시는 분, 사전 표기 - 예호와) נֵס (5251 마소라 모음 표기 - 네쓰, 사전 표기 - 네스 - 나의 깃발, 나의 신호, 출 17:15) נִסִּי: (닜씽)명사 남성 단수 - 1인 공성 단수

(24) '에하흐 엘레이켐 카도소'(에하흐 엘로힘은 거룩하시다)는 에하흐 엘로힘과 카도소의 합성어이다. יְהֹוָה (3068 마소라 모음표기 - 에하흐 - 능력과 생명으로 영원히 실존하시는 분, 사전표기 - 예호와) אֱלֹהִים (430 엘로힘 - 힘들, 능력들, 감함들, 전능들, 레 20:7-8) אֱלֹהֵיכֶם: (엘레이켐)명사 남성 복수 - 2인 남성 복수, קָדוֹשׁ (6918 마소라 모음 표기 - 카도소, 사전 표기 - 카도쉬 - 거룩한, 신성한, 분리, 구별, 성별, 창 2:3, 출 13:2, 출 19:6)

קָדוֹשׁ (카도소)형용사 남성 단수

(25) '에하흐 샬롬'(에하흐는 완전한 평강이시다)는 에하흐와 샬롬의 합성

어이다. יְהוָה (3068 마소라 모음 표기 - 에하흐 - 능력과 생명으로 영원히

실존하시는 분, 사전 표기 - 예호와) שָׁלוֹם (7965 마소라 모음 표기 - 샬롬, 사

전 표기 - 샬롬 - 평화, 복지, 번영, 행복, 건강, 완전, 안전) שָׁלוֹם 명사 남성

단수, 명사 샬롬 어근은 솨람(שָׁלַם 7999, 솨람 - 완전하다, 완성하다,

온전하다, 회복, (약속 등) 이행, 보상, 배상, 화해, 평화조약 체결, 삿 6:24)

(26) '에하흐 마레크누'(에하흐는 왕이시다)는 에하흐와 메레크의 합성어

이다. יְהוָה (3068 마소라 모음 표기 - 에하흐 - 능력과 생명으로 영원히 실

존하시는 분, 사전 표기 - 예호와) מֶלֶךְ (4428 메레크 - 왕 king, 여왕이다, 통

치하다, 사33:22) מַלְכֵּנוּ (마레크누) 명사 남성 단수 - 1인 공성 복수

(27) '에하흐 로파에카'(에하흐는 치료하신다)는 에하흐와 라팡의 합성어

이다. יְהוָה (3068 마소라 모음 표기 - 에하흐 - 능력과 생명으로 영원히 실존

하시는 분, 사전 표기 - 예호와) רָפָא (7495 마소라 모음 표기 - 라팡, 사전 표

기 - 라파 - 고치다, 치료하다, 건강하게 하다, 출 15:26) רֹפְאֶךָ: (로파에카)칼

분사 - 2인 남성 단수

(28) '에하흐 로이'(에하흐는 나의 목자이시다)는 에하흐와 라앗의 합성어

이다. יְהוָה (3068 마소라 모음 표기 - 에하흐 - 능력과 생명으로 영원히 실

존하시는 분, 시 23:1) רֹעֶה (7462 마소라 모음 표기 - 라왕 - 풀을 뜯기다, 친구가 되다, 사전표기 - 라아) רֹעִי (로이)칼 분사 남성 단수 - 1인 공성 단수

(29) '에하흐 체바오트'(에하흐는 여군들과 천군의 사자들의 위엄과 무력과 절대적인 힘이시다, 전쟁에서의 승리는 오직 에하흐께 있다. 삼상 14:6, 삼상 17:47, 대하 20:15,17, 시 33:16-17, 시 44:6-7, 잠 21:31, 사 9:7, 호 1:7, 슥 4:6, 롬 8:37)는 에하흐와 차바아의 합성어이다. יְהֹוָה (3068 마소라 모음 표기 - 에하흐 - 능력과 생명으로 영원히 실존하시는 분, 사전 표기 - 예호와) צָבָא (6635 마소라 모음 표기 - 차바아, 사전 표기 - 차바 - 여군들, 천군의 사자들, 삼상 17:45) צְבָאוֹת (체바오트)명사 여성 복수

(30) '에하흐 레추르'(에하흐는 반석이시다)는 에하흐와 추르의 합성어이다. יְהֹוָה (3068 마소라 모음 표기 - 에하흐-능력과 생명으로 영원히 실존하시는 분, 사전 표기 - 예호와) צוּר (6697 추르 - 반석, 바위, 절벽, 요새(要塞)와 피난처이신 에하흐, 시 18:2) לְצוּר (레추르)전치사 - 명사 남성 단수 연계,

(31) '에하흐 라훔'(에하흐께서는 긍휼이시다)는 에하흐와 라훔의 합성어이다. יְהֹוָה (3068 마소라 모음 표기 - 에하흐-능력과 생명으로 영원히 실존하시는 분, 사전 표기 - 예호와) רַחוּם (7349 라훔 - 긍휼히 여기는, 자비로운, 동정심이 있는, 시 103:8) רַחוּם 형용사 남성 단수

(32) 프뉴마 πνεῦμα (영이시다. 영이신 아버지이시다. 마 4:1, 요 3:5-9, 고전 12:3, 고후 1:22, 요 1:12-13), πνεῦμα(4151, 프뉴마 - 영, 바람, 호흡, 생명, 아버지의 본 이름은 영(헬라어 프뉴마, 이브리어 루하)이시다. 나머지의 이름과 칭호들(출 3:15)은 영이신 아버지가 어떤 분이신지를 알려 주신 것이다. 사람이 영이신 아버지의 자녀로 다시 태어나는 것은 오직 거룩한 영의 사역으로 되어진다. 그러므로 성도들의 아버지는 영(헬라어 프뉴마, 이브리어 루하)이시다(고후 1:22, 갈 4:6, 고전 12:3, 롬 8:14-16, 요 16:28, 요 17:5,11,13).

(33) 하기오스 ἅγιος 프뉴마 πνεῦμα (거룩한 영이시다, 마 1:18,20, 눅 1:35, 요 14:26)

(34) 프뉴마 πνεῦμα 엘로힘(Ἐλρῶδύναμις) Elohim (영은 만능들, 영은 힘들, 영은 강함 들이시다, 마 3:16, 요 4:24, 창 1:2, *데오스 θεός 는 헬라인들의 일반신(잡신, 잡귀)이다. 데오스를 삭제하고 특정된 이름 엘로힘으로 표기한다. 헬라어에 엘로힘이라는 단어가 없어서 합성(Ἐλρῶδύναμις)해 보았다.)

① 프뉴마 πνεῦμα 휘오스 υἱός (아들로부터 오시는 영이시다, 갈 4:6)
② 휘오데시아 υἱοθεσία 프뉴마 πνεῦμα (양자를 삼으시는 영이시다, 롬 8:15)
③ 크리스토스 Χριστός 프뉴마 πνεῦμα (크리스토스는 영이시다, 엡 2:15)

(35) 예수스 Ἰησοῦς (이브리어 - 예슈아, 헬라어 - 이에수스, 예수스 - 이브리어

헬라식 음어, 구원, 구출, 구조, 번영, 복지 등, 마 1:21)

(36) 엘로힘('Ελρῶδύναμις) Elohim (만능들, 힘들, 강함들, 마 1:23, 창 1:1, 출

3:15) 데오스 θεός는 헬라신화 하위 신이다. 본서에서는 데오스

θεός를 삭제한다. 특정된 이름 엘로힘 אֱלֹהִים('Ελρῶδύναμις)으로

표기한다. 더 이상 용납해서는 안 된다. 필자가 선봉에 선다.

(37) 파테르 πατήρ (3962, 파테르 - 아버지 father, 마 6:18, 요 17:1,5,21)

(38) 데스포테스 δεσπότης (주, 주인, 소유자, 눅 2:29, 벧후 2:1, 계 6:10)

(39) 에피스타테스b ἐπιστάτης (주여, 두목, 장관, 주인, 눅 8:24)

(40) 파라클레토스 παράκλητος (돕는 자, 중재자, 변호자, 위안자, 요 14:26)

(41) 예수스 Ἰησοῦς 크리스토스 Χριστός (구원자로 기름 부으심을 받음,

요 17:3)이다.

이 이름과 칭호(41가지)들을 보라. 그 어디에도 하나님(하늘 heaven +

님 prince, 주관적 가상 神)이라는 이름과 칭호와 의미가 없다. 명명백백

(明明白白)한 팩트이다. *신구약 원어 텍스트의 공식적인 이름, 칭호들의 대한 구체적인

해설은 '이브리어 단어별 해설로 새롭게 알아가는 신론 죄론,' 조길봉 지음, 2024년 5월 20일 발행을 보라.

영이신 아버지께서 어떤 분이신지를 알려주는 신구약 원어 텍스트 중심의 이름과 칭호들 41가지를 자세히 보라. 그 어디에도 "하나님"이라는 명칭이 없다는 것을 알게 되었을 것이다. 필자가 이 사실을 알리지 않았다면 한국교회와 세계교회가 몰랐을 것이다. "그런즉 그들이 믿지 아니하는 이를 어찌 부르리요. 듣지도 못한 이를 어찌 믿으리요. 전파하는 자가 없이 어찌 들으리요. 15 보내심을 받지 아니하였으면 어찌 전파하리요. 기록된바 아름답도다. 좋은 소식을 전하는 자들의 발이여 함과 같으니라"(롬 10:14-15)라고 하였다.

좋은 소식은 예슈아 십자가와 부활이다. 이 복음을 믿는 자에게 저주에서 구원을 주신다. 필자가 이 말씀을 인용한 것은 신구약 원어 텍스트에 엘로힘이 아닌 '한 민족이 수천 년 섬겨오던 미신 하나님, 존 로스가 만든 '하나님'(주관적 가상 신, 미신)을 창조주와 유일신으로 믿는 자는 죽고(육) 죽는(영) 저주를 받는다.'(레 24:16, 신 18:20, 신 24:16). 이 저주를 받지 말라고 필자가 이 복음을 전하고 있는 것이다 (고전 1:21, 행 20:24, 계 12:11, 겔 3:17~21).

프로테스탄트들이여! 베뢰아(베로이아 Βέροια) 성도들은 바울(파울로스 Παῦλος)이 전한 복음이 성경에 있는가를 확인하였다고 하였다(행

17:11). 왜 성경을 확인하였을까요? 파울로스가 전한 복음이 사실인지를 확인 한 것이다. 그리고 올바르게 전능하신 아버지를 믿고 섬기기 위해서였다. 우리는 베로이아 성도들의 모범적인 믿음을 본받아야 한다. 목회를 하려면 다른 것은 좀 부족하다 할지라도 성경에는 능통해야 한다. 루하 엘로힘께서 부르시고 기름부음을 받은 목회자들은 루하 엘로힘의 입이 되어야 한다(겔3 :17, 겔 33:7, 렘 1:17, 마 28:1-20, 롬 10:14-15, 히 13:17).

신구약 원어 텍스트에는 "하나님"이라는 명칭이 없다고 하는데 필자에게 "좌탄아 물러가라" "너는 엘로힘의 일을 생각하지 아니하고 도리어 사람의 일을 생각한다. 교만이 하늘을 찌른다고 하면서 자기가 아니면 이 말을 해 줄 사람이 없다."고 하였다. 필자는 그 말에 미동도 하지 않았다. 도리어 심령에 기쁨과 감사가 흘러나왔다. 과연 무엇을 근거로 그렇게 말할까? 신구약 원어 텍스트의 대한 연구도 없이 선지식만 가지고 필자를 공격하였다. 필자는 모든 목회자들과 성도들이 베로이아 성도들처럼 되기를 바란다. 베로이아 성도들이 성경(그라페)을 "상고"하였다는 단어는 아나크리노ἀνακρίνω(350, 아나크리노-조사하다, 검토하다, 심문하다)이다. 베로이아 성도들은 목회자들이 아니다. 그럼에도 파울로스에게 받은 로고스 복음에 대하여 고상한 마음으로 하루 종일 성경에서 성경으로 조사와 검토를 자세히 하였다는 것이다. 근거 없는 공격을 삼가야 한다. 근거 없이 피하는 것도 삼가야 한다.

필자는 웨스터민스터 신앙고백서(1647년)를 믿는다. 필자는 제 1항 ~10항의 진리에 확고하게 서 있다. 1장 8항의 요약에 "원어를 번역을 하되 사전적 의미를 중심으로 하며 각 국가의 토속적, 문화적 번역과 개인의 견해나 추정과 주장을 철저하게 배격(排擊 - 남의 의견, 사상, 행위, 풍조 따위를 물리침)해야 한다. 성경은 우리의 신앙과 삶에 유일한 소망이요. 법칙이다."는 진리에 굳게 서 있다. 신구약 원어 텍스트의 근거가 확실하다면 생명을 걸고 도울 수 없다면 백지장이라도 같이 들어주는 마음으로 동역동사(同役同事)해 주었으면 한다(시 133:1-3, 시 122:6-8, 요 17:21, 고전 1:10, 빌 2:2-5, 요일 3:14, 마 5:11).

이 대개혁의 운동은 필자가 하는 것이 아니다. 필자는 심부름꾼이다. 많은 목회자들과 성도들 중에는 이 소논문의 내용을 보았을 것이고 알고 있었을 것이다. 이 소논문을 보았을 때 필자의 마음은 충격과 함께 이 사실을 책으로 만들어 알려야겠다는 불타는 마음이 들어왔다. 2025년 2월8일에 들어온 그 불이 2026년 1월 달에도 계속 타오르고 있다. 본서는 생명과 능력으로 실존하시며 만능들이신 에하흐 엘로힘께서 앞서 가시며 친히 일하고 계신다. 이 대개혁을 막아서지 말아야 한다. 협력하여 동역동사(同役同事)하며 진리 안에서 행하는 자들에게 엘로힘께서 힘들과 능력들을 주셔서 환경들이 잘 되도록 이브리어의 '칠복'과 헬라어의 '구복'을 주실 것을 확실하게 믿는다(출 1:15-21, 마 5:1-12, 행 9:26-27, 빌 1:27, 요삼서 1:2-4).

'보라 형제가 연합하여 동거함이 어찌 그리 선하고 아름다운고 2 머리에 있는 보배로운 기름이 수염 곧 아론의 수염에 흘러서 그의 옷깃까지 내림 같고 3 헐몬의 이슬이 시온의 산들에 내림 같도다 거기서 에하흐께서 복 בְּרָכָה (뻬레칼 - 성공, 번영, 승리, 생산, 생명, 행복을 위하여 능력을 부여함)을 명령하셨나니 곧 영생이로다'(시 133:1-3)고 하셨다.

다바림세페르(신) 6:4절 원어 직역 문장정리 : 셰마 이스라엘 에하흐 엘로헤누 에하흐 에하드 '이스라엘아 순종하라. 에하흐는 우리 엘로힘(엘로헤누)은 하나이신 에하흐이시다.' 루하는 에하흐와 엘로힘과 하나라는 말씀이다. 영이신 아버지를 알려주는 이름과 칭호들 41가지가 하나라는 말씀이다. 해설이 필요하다.

하나님은 주관적 가상 神의 우상의 이름이다. 우상의 이름 하나+님, 토속문화 샤머니즘의 하나+님 이름을 더 이상 부르지 말아야 한다. 존 로스가 만든 '하나님'(미신 神, 주관적 가상 神)을 아버지라고 부르면 안 된다.

2025년 2월 20일 개혁포럼에서 목회자 한분이 그럼 이제부터 어떻게 불러야 하느냐는 질문이 있었다. 필자는 본서를 집필하면서부터 필자는 '아버지 루하 엘로힘', 전능하신 아버지라고 부르고 있다고 하였다. 많은 설명이 필요하다. 아래 내용을 보라.

지금부터는

엘로힘אֱלֹהִים 아버지אָב~~

영이신רוּחַ 아버지אָב~~

전능하신שַׁדַּי 아버지אָב~~

루하רוּחַ 엘로힘אֱלֹהִים 아버지אָב~~

에하흐여~~

엘로힘~~이라고 부르면 된다.

엘로힘 아버지!~ 예슈아!~ 예슈아 크리스토스라고 부르면 된다. 루하여!~ 영이신 루하여!~~ 거룩한 영이여!~~ 만능들이신 엘로힘이여!~~ 성령이여!~~ 주여!~~ 주님(아도나이)!~ 나의 주여! 나의 주님이여라고 부르면 된다. 처음에는 생소할 수 있으나 그래도 계속 사용하면 거룩한(하기오스) 영(프뉴마) 만능이신 아버지께서 도와주시므로 곧 익숙해 질 것이다.

샤머니즘에서 부르던 하늘님, 하느님, 하나님은 토속문화에서 온 것이므로 친숙하였다. 그러나 이제는 완전히 폐기(廢棄)해야 한다. 이 명칭은 재활용으로도 쓸 수 없다. 더 이상 귀신, 솨탄, 마귀를 하나님 아버지라고 부를 수 없다.

143년 동안 섬긴 하나님(존 로스가 만든 주관적인 神, 미신 神, 신화 神)을 버릴 수 없다고 하는 그 사람은 우상숭배자가 된다. 초기 성도들이 예슈아를 믿는다고, 성수주일을 지키려고, 조상제사를 거부한다고, 신사참배를 거부한다는 등등으로 순교한자들이 흘린 피를 잊지 말아야 한다. 생명의 말씀을 따라 사는 것이 쉽지 않다(마 7:13-14,15-23,24-27, 약 2:17,20-22,26, 계 22:11-12). 생명의 문은 좁고 협착하다. 억압과 훼방, 좌절당하는 길이다.

'21 나더러 주여 주여 하는 자마다 다 천(우라노스 - 무소부재하신 영)국 (바실레이아 - 왕국)에 들어갈 것이 아니요 다만 하늘에 계신 내 아버지의 뜻대로 행하는 자라야 들어가리라 22 그 날에 많은 사람이 나더러 이르되 주여 주여 우리가 주의 이름으로 선지자 노릇 하며 주의 이름으로 귀신을 쫓아 내며 주의 이름으로 많은 권능을 행하지 아니하였나이까 하리니 23 그 때에 내가 그들에게 밝히 말하되 내가 너희를 도무지 알지 못하니 불법(아노미아 - 불법, 악행, 죄)을 행하(에르가조마이 - 일하다, 창조하다, 생산하다)는 자들아 내게서 떠나가라 하리라'(마 7:21-23)하셨다. 존 로스와 함께한 자들은 불법과 악의 만행을 생산한 자들이다. 좌편에 선자들은 비참한 말로가 기다린다(마 25:33,41, 계 12:7, 계 20:10, 민 16:20-33,35, 시 9:15, 렘 17:5).

"양은 그 오른편에 염소는 왼편에 두리라 34 그 때에 임금이 그 오른편에 있는 자들에게 이르시되 내 아버지께 복 받을 자들이여 나아와 창세로부터 너희를 위하여 예비된 나라를 상속받으라 41 또 왼편에 있는 자들에게 이르시되 저주를 받은 자들아 나를 떠나 마귀와 그 사자들을 위하여 예비된 영원한 불에 들어가라"(마 25:33-34,41)하셨다. 양과 염소는 본질이 다르다. 양은 양이요. 염소는 염소이다. 염소에게 양의 가죽을 씌워 변장해도 본질은 염소이다. 양은 목자의 음성을 알고 따른다(요 10:1-5).

'21 이 성읍 주민이 저 성읍에 가서 이르기를 우리가 속히 가서 여 군들(차바)의 에하흐를 찾고 에하흐께 은혜를 구하자 하면 나도 가겠 노라 하겠으며 22 많은 백성과 강대한 나라들이 예루살렘으로 와서 여군들(차바)의 에하흐를 찾고 에하흐께 은혜를 구하리라'(슥 8:21-22)고 하였다. '오직 너희는 진리와 화평을 사랑할지니라'고 하였다(슥 8:19).

■ 잠시 쉬어가는 코너

스가랴 8:21-22절 중심으로 "찾다" בָּקַשׁ (1245, 빠카소 - 찾다, 요구하다, 원 하다, 묻다), "은혜를 구하다" חָלָה (2470, 하라흐 - 약하다, 병들다, 아프다) 21-22 절 두 번 반복하고 있는 단어이다. 에하흐를 찾는 목적은 자기의 약 하고 병들어 아픈 것을 치료받기 위함이다. 에하흐께 자기를 아프게 하시는 이유를 묻는다. 그리고 치료받기를 원하는 내용이다.

하라흐 상형문자 의미 간략해설

하라흐는 은혜가 아니다. 생명의 울타리, 보호의 울타리, 에하흐께서 정하여 놓으신 장소를 떠난 자에게 목자이신 에하흐께서 징계로 인하여 호흡하는 생명을 아프시게 하시고 병들게 한 것이다(욥 5:18, 사 30:26, 계 319). 징계는 회심(回心)하라는 기회를 주신 것이다.

빠카소 상형문자 의미 간략해설

마음을 다하여 소망을 가지고 생명의 말씀을 되새김질하면서 생명의 울타리 안으로 회심하고 돌아와서 올바른 길로 행하면 치료 불가능하였던 아픈 병, 약한 부분을 고쳐주신다는 희망의 말씀이다.

에하흐를 떠난 자에게 임하는 징계이므로 에하흐께 돌아가서 자주 가서 에하흐를 구하고 찾으면 에하흐께서 능력과 생명의 손으로 원상회복시켜 주신다는 것이다. 아프게 하는 병을 고쳐달라고 하는 것이 아니다. 에하흐와의 관계회복이 되면 약한 것과 병은 치료가 되어진다. 아픈 병은 비 본질이다. 본질은 에하흐와의 관계회복이 먼저이다. 에하흐만 찾고 찾으라. 에하흐를 찾아 만나라. 만나면 되게 하시는, 하게 하시는 능력이 임하여 아픈 문제가 해결되어진다.

조상대대로 143년 동안 단군신화 한민족의 신칭인 하나님(신화의 우상)의 이름을 믿고 섬기며 불렀다. 하나님(주관적 가상 神)이라는 명칭이 우리들의 영과 마음에 박혀있기 때문에 오랜 세월이 흘러야 할 것이다. 루하 엘로힘께서 가장 싫어하시는 것이 우상을 만들거나 섬기는 것이다. 다른 신을 섬기는 자들을 죽이고 죽이라고 하셨다. 저주받는다고 하셨다(출 20:1-7, 출 32:1-35, 레 24:16, 신 17:2-7, 신 18:20, 신 24:16, 신 27:15,27, 고전 10:6-8), 저주받을 토속문화의 하나님(신화의 우상 神, 주관적 가상 神, 미신 神)의 이름을 더 이상 불러서는 안 된다(출 32:6-8, 신 9:16-18, 시 106:19-20, 고전 5:11, 고전 8:7, 고전 10:20-22, 요일 5:21).

'7 그들 가운데 어떤 사람들과 같이 너희는 우상 숭배하는 자가 되지 말라 기록된 바 백성이 앉아서 먹고 마시며 일어나서 뛰논다 함과 같으니라 8 그들 중의 어떤 사람들이 음행하다가 하루에 이만 삼천 명이 죽었나니 우리는 그들과 같이 음행하지 말자'(고전 10:7-8)라고 하였다(민 25:1-9, 고전 6:9-10).

지금까지 참아주시고 사랑과 긍휼을 베풀어 주셨다. 본서는 영이신 루하, 영이신 프뉴마께서 한국교회와 세계교회를 향하신 마지막 경고의 메시지라고 여겨진다.

이 문제는 영이신 아버지의 이름을 훼손한 정도가 아니다. 루하 엘로힘의 이름을 모욕하고 저주하는 선을 넘었다. 창조주 루하 엘로힘의 대한 반역(反易)이요(창 1:1, 요 1:1-2). 엘로힘 왕국의 역적(逆賊)이다. 21세기 목회자들과 성도들을 우롱(愚弄)하는 미신 하나님이다. 존귀하신 영이신 아버지의 이름을 귀신 따위의 이름으로 바꿔버린 원흉들의 가르침을 따르면 안 된다. 더 이상 주관적 가상 神 우상의 하나님을 부르지 말아야 한다.

이제부터는 자연스럽게 엘로힘과 에하흐의 이름을 부르자. 신구약 원어 텍스트에 없는 토속문화의 한민족 신칭인 우상의 하나님(신화의 우상 神, 존 로스가 만든 주관적 가상 神 하나님)을 더 이상 부르지 말자. 마음과 입에서 죽음과 저주의 언어(민 14:28, 민 26:65, 히 3:17, 약 3:6)를 성령의 불로 태워 버리자(마 3:11, 눅 12:49, 행 2:3, 살전 5:19, 히 12:29).

우리 믿음의 아버지(조상은 이브리어 아브(아버지)이다. 이브리어 주제별원어사전에 '조상'을 보라)인 아브라함도 루하 엘로힘께 예배를 드리면서 에하흐의 이름을 불렀다(창 12:7-8, 창 13:4, 창 21:33).

성도들이 에하흐라고 부르는 것은 매우 자연스러운 것이다. 그동안 잘 부르지 않았을 뿐이다. 필자는 에하흐 이름을 부르며 기도를 많이 한다. 테힐림(시) 18:1-2절 중심으로 작사, 작곡된 찬양(나의 힘이 되신 에하흐여)이 있다. 에하흐 이름의 뜻을 생각하면서 '나의 힘이 되신 에하흐여 내가 주님을 사랑합니다.' 필자는 이 찬양을 애창곡으로 부른다. 나의 하나+님은 나의 엘로힘으로 부르고 있다. 솨탄의 공격으로 목회의 위기가 찾아왔을 때 이 찬양만 삼일동안 불렀다. 삼일만에 목회위기의 문제가 완전하게 해결되는 응답을 받았다.

한국 개신교회가 지금까지 사용하였던 하나님(주관적 가상 神)은 신구약 원어 텍스트에서 알려주신 창조주 에하흐 엘로힘이 아니다는 것이 팩트이다. 에하흐와 엘로힘에도 '하늘'이라는 의미가 전혀 없다는 것이 팩트이다. 성경을 번역할 때 천국(天國)을 왕국(王國)으로, 하나님 나라를 엘로힘 왕국(王國)으로, 복의 단어들과 이름들과 지명들은 원음으로 표기할 때 원어의 뜻이 명백해진다. 성경에서는 무엇을 '하나'라고 하였는지를 다바림(신) 6:4절 말씀에서 찾아보자.

6.

하나이신 에하흐 엘로힘

개역개정 : 이스라엘아 들으라 우리 하나님(엘로힘) 여호와(에하흐)는 오직 유일한 여호와(에하흐)이시니(다바림(신) 6:4).

원어 : שְׁמַע יִשְׂרָאֵל יְהוָה אֱלֹהֵינוּ יְהוָה אֶחָד׃

마소라 모음 표기 : 셰마 이스라엘 에하흐 엘로헤누 에하흐 에하드

원어 직역 : 이스라엘아 순종하라. 우리 엘로힘 에하흐는 하나이신 에하흐이시다.

■ **상형문자 의미와 사전적 의미들**

שְׁמַע (8085 쇠마 – 들으라, 경청하라, 순종하라) שְׁמַע (셰마)칼 명령 남성 단수

יִשְׂרָאֵל (3478 이스라엘 – 엘께 능력을 받아 강하게 된 자) יִשְׂרָאֵל 고유명사

יְהוָה (3068 여호와 – 능력과 생명으로 실존하심) יְהוָה (에하흐)고유명사

אֱלֹהִים (430 엘로힘 – 만능들이시다) אֱלֹהֵינוּ (엘로헤누)명사 남성 복수 – 1인 공성 복수

יְהוָה (3068 여호와 – 능력과 생명으로 실존하심) יְהוָה (에하흐)고유명사

אֶחָד (259 에하드 – 하나) אֶחָד׃ 형용사 기수 남성 단수

■ 필자가 왜 여호와를 '에하흐'라고 하는가?

에하흐는 100% 마소라 모음 표기이다. 마소라 학자들이 이브리어 자음에 모음을 붙임은 이브리어를 읽기 위함이다. 그러나 이브리어 한글사전에 마소라 모음이 아닌 모음 표기들이 "명사"에서 두드러지게 나타난다. 유래도 불분명하다. 사전이 이 정도라면 심각하다. 지금까지 이 사실들에 대하여 관심을 가지지 못하였을 것이다. 이제는 본서를 통하여 사전들도 본질로 편찬, 출간될 것이다.

에하흐 4자음 문자 '요드, 헤, 와우, 헤(YHWH)로 구성되어 있다고 한다. 영어발음이다. 영어가 4자음 문자까지 망쳐놓았다. 이브리어 에하흐 4자음 문자는 요드 ', 헤이 ה, 바브 ו, 헤이 ה가 정 4자음이다.

에하흐에 대해서는 글로는 표현하기가 복잡하다. 기회가 된다면 이브리어 단어별 합성어 연구원에서 들을 수 있다. 에하흐는 부르라고 주신 이름이다. 킹 제임스 성경 유일주의 단체에서도 에하흐를 아도나이라고 한다. 유대인들도 에하흐라고 부르지 않고 아도나이라고 한다. 그러나 분명하게 알라. 아도나이는 에하흐에 요드, 헤이, 바브, 헤이가 아니다. 에하흐 יהוה (3068 에하흐 상형문자 의미 - 능력과 생명으로 실존하시는 분)와 아도나이 אֲדֹנָי (136, 아도나이 사전적 의미 - 나의 주, 나의 주님, 나의 주인, 상형문자 의미- 힘과 생명의 문이시다. 생명의 경계선을 정하여 놓으시고 능력의 손으로 하게 하심)는 의미 자체가 동일하지 않다. 에하흐를 아도나이라고 한다면 모세를 믿지 않는 것이요. 아브라함의 자손이 아니다(요 5:45-47, 요 8:33,37-39, 창 12:7-8). 유대인들과 킹 제임스 성경 유일주의 단체는 신구약 원어 텍스트의 가르침을 따르지 않고 자기 단체의 모순에 빠져있는 것이다.

현재 이브리어 사전은 100% 모음어가 아니다. 영어와 한글 소리글이 만들어 낸 용어를 사용하고 있는 곳이 많다. 필자는 98% 마소라 모음을 사용한다. 한글표기가 되지 않는 모음이 있다. 그래도 모음에 가깝게 표기하고 있다. 목회자들과 성도들에게 알 권리를 제공하고 모음어를 올바르게 사용하자는 운동의 일환이다. 예를 보라. 고유명사 이삭은 이츠하크, 야곱은 야아코프, 벧엘은 베트엘, 가나안은 케나아니, 가데스 바네아는 카데쉬바르네아, 창세기는 베레쉬트세페르, 예수 그리스도는 예수스 크리스토스, 마태는 맛다이오스, 베드로는 페트로스, 요한은 요안네스, 누가는 루카스 등등이다. 처음 성경을 번역할 때 고유명사들의 원어 원음을 100% 표기하였다면 이런 혼란이 없었을 것이다. 항상 처음이 가장 중요하다.

성경의 사전적 의미들을 100% 신뢰할 수가 없다는 증거들을 보라. 이브리어 엘로힘의 사전적 의미들을 보라. '하나님 God, 신 god, 신들 gods', 에하흐를 여호와 Jehovah, 야훼 Yahweh로 표기되어 있다. 지금까지 성경사전을 의심하지 않고 믿어왔다. 그러나 신학자, 목회자, 성도들을 속여 왔다는 사실이 들어난 것이다. 이제는 성경사전을 믿고 인용할 수 있도록 편찬해야 한다. 우리는 지금까지 한글성경을 믿어왔다. 성경사전과 국어사전을 믿어왔지만 이제는 원어에 맞춰 편찬할 때가 되었다. 원어에 맞춰 사전을 편찬할 때 루하 엘로힘의 이름을 높이게 될 것이다. 루하 엘로힘 아버지께서 안심하고 인용하는 사전, 성경, 찬송가와 함께 출판되어지도록 일하고 계신다.

이들은 쇼브 שָׁוְא (7723, 쇼브 사전적 의미 - 텅빔, 공허, 헛됨, 허무, 거짓, 출 20:7)를 하고 있다.

루하 엘로힘께 귀신(鬼神) 신(神)자를 사용하지 말아야 한다. 루하 엘로힘을 '쇼브'하는 죄이다. 루하 엘로힘, 에하흐 엘로힘은 신(神, 미신 神)이 아니다. 영의 이름이다(요 4:24, 고후 3:17, 창 1:2). 에하흐 엘로힘을 귀신과 등등하게 한문성경이 표기하였다. 창세기 1:2절에 영(루하)을 귀신 신(神)이라고 하였다. 루하는 영이시다. 필자도 한문이 이브리어처럼 뜻글이기에 애용한다. 그러나 성경진리와 배치되는 것은 단호히 배격해야 한다. 신구약 원어 텍스트에 희생물은 '제바흐'이다. 예슈아의 거룩한 상징적 희생물 זֶבַח (2077, 제바흐 - 희생, 희생물)이다. 제바흐 희생물을 제사(祭祀 - 신령이나 죽은 사람의 넋에게 음식을 바쳐 정성을 나타냄)라고 하였다. '제바흐'는 예슈아 희생을 상징한다. 죄 사함을 주는 희생물을 제사(祭祀)라니요. 예슈아의 희생을 모독하는 악한 일이다. 제사(祭祀)도 토속문화신학의 산물이다. 제사(祭祀)의 의미를 보라 끔찍하지 않습니까. 제사(祭祀)와 제(祭)자도 성경에 표기를 금지해야 한다. 이래도 계속 사용하시겠습니까? 그래서 성경을 폐기하고 다시 출판해야 한다.

한 번 파괴된 진리의 말씀들을 143년, 2300년 만에 이브리어 원어 텍스트의 본질로 돌려세운다는 것이 쉽지 않을 것이다. 주관적 가상 神 하나님 143년, 헬라신화의 신 데오스 2300년이라는 골이 너무 깊다. 그렇다고 속앓이만 하고 가만히 있을 수 없기에 본서를 통하여 세상에 알리게 되었다. 본서를 통하여 영이신 아버지의 말씀을 올바르게 세우기를 원하는 목회자들과 성도들이 깨어 일어나기를 간절히 소망한다. 신구약 원어 텍스트의 비 본질로부터 본질에로의 대개혁이 대한민국에서부터 시작되었다. 이 개혁의 불길은 멈추지 않을 것이다. 영이신 아버지, 전능하신 아버지께서 친히 하시는 개혁이기 때문이다. 세계를 점령할 것이다. 세계의 성경에서 토속문화의 샤머니즘의 신(神)칭들이 삭제되고 고유명사 엘로힘으로 번역될 것이다. BC332 - BC142 헬레니즘 통치에서 로마로 통치권이 넘어간다. BC63년에 로마의 폼페이누스가 예루살렘을 점령한다. 그런데 권력은 이두매 총독 안티파테르에게 넘어가고, 안티파테르는 그의 아들 헤롯을 유대인의 왕으로 임명한다. 하스모리안왕조의 두 아들의 권력 다툼으로 이방인(로마인) 헤롯이 유대인의 왕이 되었다. 헤롯왕 말년(BC 6년~4년)에 예슈아께서 오셔서 대리적 속죄를 완성하신다. 로마가 헬라(그리스)를 정복하였지만 헬라(그리스)문화를 없애지 않았다.

BC332 - AD73년(그레이트 유대 반란, 해방운동 AD66 - AD73년)까지, 약 400년간 헬라(그리스)문화와 헬라어(그리스)가 세계 공통어였다. 아쉬움은 70인역(셉투아진타)의 형성과정, 이집트의 72명의 유대 학자들이 알렉산드리아에서 이브리어 구약성경을 공동으로 헬라어로 번역하면서 엘로힘으로 번역하지 않았다. 400여년 헬라문화(토속문화)에 동화되었다는 증거이다. 그러므로 필자는 신약도 '엘로힘'이라고 해야 한다고 굳게 믿는다. 세계에 성경이 하나의 이름(엘로힘)으로 통일되어 통일성경이 출판 되어질 것이다. 인명, 지명 등의 '명사'는 바뀌지 않는다는 것을 지금은 초등학교 3~5학년만 되어도 다 알고 있다. 그런데 영이신 아버지의 대한 이름, 고유명사 엘로힘을 세계 각 국가의 전통문화의 신(神)들의 명칭으로 성경마다 다르게 표기 된다는 것은 영이신 아버지의 심판을 피할 수 없는 악행이다. 원어 텍스트의 말씀 외에 더하거나 감하지 말라는 말씀들을 거역하고 불순종한 죄이다(신 4:2, 신 12:32, 잠 30:6, 계 22:18-19).

"더하거나 감하지 말라"는 말씀은 신구약 원어 텍스트의 본질 외에 추가하거나 수정해서는 안 된다는 말씀이다. 영이신 아버지의 금지 בָּצַר (1219, 빠차르 - 잘라내다, 접근하지 못하게 하다)하신 말씀이시다. '너는 그의 말씀에 더하지(야사프 - 더하다, 증가하다, 다시 하다)말라. 그가 너를 책망 יָכַח (3198, 야카흐 - 결정하다, 심판하다, 입증하다, 꾸짖다, 징계하다) 하시겠고 너는 거짓말 כָּזַב (3576, 카자브 - 거짓말하다, 거짓말쟁이다)하는 자가 될까 두려우니라'(잠 30:6)고 하셨다. 영이신 아버지의 말씀을 더하거나 감하는 것은 거짓말이다. 거짓말은 쏴탄 마귀의 본질이다(요

8:44, 창 3:4-5). 그러므로 심판하신다. 이 저주의 심판은 긍휼이 존재하지 않는 둘째사망의 멸망을 말씀하셨다(계 19:20, 계 20:10-15, 계 21:8, 계 22:15, 마 25:41, 고전 16:22, 신 27:15,25, 신 28:15, 렘 11:3, 렘 17:5).

두려워하며 떨어야 할 것이다. 영이신 아버지의 이름, 엘로힘을 전통문화의 신(神)들의 명칭으로 바꿔 "하나님(잡신, 잡귀) 아버지"라고 믿고 섬기며 부르게 한 것을 얼마나 분노셨을까? 생각해보라. 그러므로 이제는 영이신 아버지의 심판의 분노를 풀어드리고 신구약 원어 텍스트의 본질의 진리로 돌아가 원상회복을 하자는 것이다. 필자의 두 권의 출판된 책을 보라. "하나님"의 명칭이 무수히 나온다. 필자도 2025년 2월 8일 이전에는 독자들처럼 몰랐다. 그날로부터 주관적 가상 神 "하나님", 헬라신화 하위 신 데오스, 단군신화 하나님의 명칭을 사용하지 않는다.

예슈아께서 일곱 번씩이나 화있을진저(저주를 받을지어다)를 말씀하셨다. 마태복음 23:13-29절에 '너희는 엘로힘 왕국 문을 사람들 앞에서 닫고 너희도 들어가지 않고 들어가려 하는 자도 들어가지 못하게 하는도다'(13), '눈 먼 인도자여'(16), '율법의 더 중한 바 정의와 긍휼과 믿음은 버렸도다'(23), '그 안에는 탐욕과 방탕으로 가득하다'(25), '회칠한 무덤 같으니 겉으로는 아름답게 보이나 그 안에는 죽은 사람의 뼈와 모든 더러운 것이 가득하도다'(27), '선지자들의 무덤을 만들고 의인들의 비석을 꾸미며'(29)라고 하셨다.

'뱀(쇼탄, 마귀, 계12:9)들아 독사(에키드나 - 치명적인 독을 가진)의 새끼(겐네마 - 자손)들아 너희가 어떻게 지옥의 판결(결정)을 피하겠느냐'(마 23:33)고 하셨다(마 3:7; 마 12:34).

'실족(스칸달론 - 걸려 넘어지게 하는 장애물, 함정, 죄로 이끄는 유혹)하게 하는 일들이 있음으로 말미암아 세상에 화(우아이 - 저주)가 있도다 실족(스칸달론)하게 하는 일이 없을 수는 없으나 실족(스칸달론)하게 하는 그 사람에게는 화(우아이 - 저주)가 있도다'(마 18:7)라고 하셨다.

본문에서 에하드(하나)를 알려면 루하 רוּחַ를 알아야 한다. 루하는 영이시다. 루하는 항상 독립적이다. 영은 보이지 아니하지만 실존하신다. 하늘들의 본질의 실체와 땅의 본질의 실체를 만드셨다. 루하는 천지만물을 창조하신 창조주이시다. 루하는 엘로힘, 에하흐 등의 이름과 칭호들과 하나라는 것을 알려준다. 영이신 루하께서 어떤 분이신지를 알려주는 이름이요 칭호(속성)들이다.

> 원어 직역 문장정리 : 1 최초에 엘로힘께서 그 하늘들의 본질의 실체와 그 땅의 본질의 실체를 그가 창조하셨다. 2 그 땅에 혼돈과 공허와 흑암, 이것이 일어났다. 깊은 물위에 엘로힘의 얼굴들이 그 물들 위에 영의 얼굴들로 비상(飛上 - 왕으로 하늘에 좌정해 계시는 것)하셨다(베레쇠트세페르(창) 1:1-2)고 하였다.

요안네스유앙겔리온(요) 1:1,3절에서는 예슈아 엘로힘(데오스)께서 창조주라고 하였다.

원어 직역 문장정리 : 1 처음부터 이 말씀과 그가(예슈아) 있었으며 그리고 이 말씀을 향하여 그 엘로힘과 함께 있었으며 그리고 이 말씀이신 그가(예슈아) 엘로힘이시다. 3 모든 것들이 그(예슈아)를 통하여 그것이 만들어졌으며 그리고 그가(예슈아) 없이는 그것이 만들어진 것의 하나도 그것이 만들어지지 않는다(요안네스유앙겔리온(요) 1:1,3)고 하였다. 예슈아께서 엘로힘과 하나라는 것을 알려주는 말씀이다.

이 칭호들은 모두 루하(영)와 연결되어 있는 하나(에하드)라는 것을 알려주는 말씀이다.

7.

영이신 루하께서 어떤 분이신가를 알려주는
10가지 칭호들 간략해설

영이신 루하에 대한 공식적인 대표 칭호들의 대한 상형문자 의미, 사전적 의미를 간략해설 한다. 근대 이브리어를 가지고 웬 상형문자 의미냐 라고 할 수도 있지만 이브리어 근대어 알파벳 속에 상형문자 본질의 의미가 내포되어 있다. 학자들 중에는 이브리어 근대어를 글자일 뿐이라고 말하기도 한다. 그러나 기독교로 개종한 유대 랍비들이 이브리어 근대어로 상형문자의 의미와 영적의미를 가르치고 있다. 이것을 부인하면 이브리어 상형문자의 의미와 생명의 핵심진리가 사라진다(마 5:18, 벧전 1:25, 시 102:26, 시 119:89, 사 40:8). 1960년대부터 한글전용정책으로 1980년대 이후에 한자를 공문서와 교육과정에서 쓰지 않지만 한자 의미가 담긴 한글들로 그 의미를 아는 것과 같다.

이브리어 해설은 상형문자 의미+사전적 의미가 포함되어야 루하 엘로힘 아버지의 온전한 뜻을 이해할 수 있다.

헬라어는 사전적 의미는 있으나 상형문자가 아니므로 본문과 사전적 의미 중심으로 해설한다. 헬라어 단어의 심오한 뜻을 알고 싶을 때에는 헬라어 단어 이브리어 역어를 찾아 묵상한다. 헬라어에서 발견되지 않은 심오한 루하 엘로힘 아버지의 뜻을 깨닫고 있다. 대표적인 도서 '이브리어 단어별 해설로 새롭게 알아가는 예슈아께서 가르쳐 주신 기도'이다. 신구약 원어 텍스트는 사전적 의미로만 한다. 그러나 사전적 의미들을 100% 신뢰할 수가 없다. 구체적이면서 간략하게 영이신 루하께서 어떤 분이신지를 대표하는 칭호들을 알아보자.

(1) 루하 רוּחַ 엘로힘 אֱלֹהִים이 공식적인 이름이다(창 1:2).

이브리어 루하 엘로힘에는 하나님(하늘 heaven + 님 prince, 주관적 가상 神)이라는 의미가 전혀 없다. 무소부재 하신다(시 139편, 사 57:15, 렘 23:23-24, 암 9:2-3, 마 1:23, 요 14:17, 고후 13:5, 골 1:27, 엡 1:23). 루하는 영이시다. 그리고 루하 엘로힘의 의미는 '영은 만능들이시다' 이다.

루하 상형문자 의미는 ① 세상 왕들을 통치하시는 만왕의 왕이시다(골 2:10, 딤전 6:15, 계 1:5, 계 17:14). ② 엑클레시아(성도)들의 머리이시다(엡 1:22, 엡 4:15-16, 골 1:18, 골 2:19). ③ 저주의 십자가에 못 박히셔서 아버지 루하 엘로힘께 사람을 연결하시는 예슈아이시다(요 14:6). ④ 죽음의 재앙을 받지 아니하는 생명의 경계선을 정하여 놓으신 영이신 루하이시다(출 12:13,21-23,27). ⑤ 영이신 루하께서 죄 사함과 영생구원의 방법을 미리 알려주셨다는 의미이다.

'주(아도나이) 에하흐(여호와)께서는 자기의 비밀을 그 종 선지자들에게 보이지 아니하시고는 결코 행하심이 없으시리라'(암 3:7)하였다(사 40:9, 사 52:7, 롬 10:13-18, 고전 1:18-21). 필자에게 이브리어가 열리기까지는 32~34년이 걸렸다(시 119:18, 시 51:10).

엘로힘은 (2)에하흐 엘로힘에서 해설한다.

(2) 에하흐 יהוה (3068, 에하흐 – 능력과 생명으로 실존하심, 에하흐 약 6,000회 이상이다. 밑줄 친 내용은 에하흐와 전혀 관련 없다. 예호와, 여호와 Jehovah, 야웨 yahweh) **엘로힘 אלהים** (430, 엘로힘 – 만능들이시다, 밑줄 친 내용은 엘로힘과 전혀 관련 없다. 하나님 God, 신들 gods, 재판관들 judges, 천사들 angels, 창 2:4) **이다. 이것이 한국 신학사전의 현주소이다. 오! 주여 일어나소서.**

고유명사 에하흐 엘로힘은 '능력과 생명으로 실존하시는 만능들이시다.'는 의미이다. 엘로힘에는 하나님(하늘 heaven + 님 prince, 주관적 가상 神), God, 신들 gods, 재판관들 judges, 천사들 angels이라는 의미가 없다. 필자는 조(趙 - 나라 조) 길(吉 - 길할 길) 봉(奉 - 받들 봉)이다. 이 의미 외에 다른 뜻이 없다. 이러므로 성경백과사전, 한글백과사전도 편찬 출판해야 한다.

에하흐 엘로힘 상형문자 의미 해설, 간략해설

יהוה (3068 에하흐 상형문자 의미 - 능력과 생명으로 실존하시는 분) יְהוָה 고유명사이다.

אֱלֹהִים (430 엘로힘 상형문자 의미 - 그는 모든 것들의 만능들, ~강함들, ~힘들, ~권세들 등등이시다) : אֱלֹהִים 고유명사 남성복수이다.

> **에하흐 상형문자합성어 : 요드 + 헤이 + 바브 + 헤이이다.**

● 상형문자 의미 해설

신성사문자라고 하여 요드, 헤이, 바브, 헤이라고 한다.

요드 – 쥔 손, 능력, 하게함, 되게 함이다. 에하흐는 영이신 루하께서 어떤 분이신가를 나타내는 칭호이다.

① 에하흐의 능력으로 무엇을 되게 해주면 되고 되게 해주지 않으면 되지 않는다는 의미이다(창 18:14, 시 18:1-3, 시 24:8-10, 시 93:1, 시 115:9-15).

② 영생을 얻은 자들을 붙잡고 계시는 손이라는 의미이다(요 10:28-29).

③ 저주의 십자가에서 못 박히신 능력의 손으로 루하 엘로힘 아버지께 사람을 연결하셨다는 의미이다(눅 24:33,39, 요 10:28-29, 요 14:6,

요 19:18, 요 20:25, 골 2:15).

헤이 – 호흡, 목숨, 생명, 실존이다.

① 에하흐는 생명과 생명으로 연결되어 실존하신다는 의미이다.

② 영존하신다는 의미이다.

바브 – 갈고리, 못, 연결하시는 사람 예슈아이시다.

① 예슈아께서는 저주의 십자가에 못 박혀 루하 엘로힘 아버지와 사람

　　사이를 십자가로 연결하신다는 의미이다.

헤이 – 호흡, 목숨, 생명, 실존이다.

① 에하흐는 능력과 생명으로 실존하시는 분이라는 의미이다(민 27:16).

② 사람의 호흡의 생명은 사람의 것이 아니다는 의미이다.

③ 에하흐는 모든 육체의 생명의 엘로힘이시다 라는 의미이다(민 27:16).

엘로힘 상형문자합성어 : 알레프 + 라메드 + 헤이 + 요드 + 멤이다.

● 상형문자 의미 해설

알레프 – 소, 힘, 희생, 배움이다.

① 만능의 힘이신 엘로힘께서 사람 예슈아로 오셔서 희생물이 되신다는

　　복음을 배우라는 의미이다.

라메드 – 목자, 막대기, 가르치다, 익힘이다.

① 영혼의 목자이신 엘로힘께서 적절한 구출과 징계로 가르치심을 익히라는 의미이다.

헤이 – 호흡, 목숨, 생명, 실존이다.

① 인간의 호흡의 생명은 사람의 것이 아니다. 그러므로 죽는다. 호흡의 생명은 엘로힘의 것이라는 의미이다(창 2:7).

요드 – 쥔 손, 능력, 하게함, 되게 함이다.

① 엘로힘의 쥔 손은 강력하다. 그의 백성들은 누구도 빼앗아 갈 수가 없다(시 31:5, 시 37:28, 사 45:17, 요 10:28-29).

② 무엇을 되게 해주셔야 이루어진다는 의미이다(시 127:1-2, 잠 16:3).

멤 – 물, 진리, 사역, 생활화이다.

① 엘로힘의 사역은 오직 성경진리의 말씀으로 하신다는 의미이다.

② 물은 육체의 생명유지에 필수이다. 진리는 영혼의 필수적인 양식이라는 의미이다. 엘로힘은 오직 생명진리의 말씀으로 사역을 하신다. 상형문자 간략해설은 만능들이신 엘로힘께서 예언의 말씀을 이루신다. 엘로힘께서 장차 오셔서 저주의 십자가에서 대리적 속죄의 희생물로 죽으신다. 이로 인하여 죄 사함과 영원한 생명을 주신다는 것을 미리 가르쳐주셨다. 이 진리의 예언의 말씀들을 이루신다. 이 예언의 완성은 능력의 손이 십자가에 못 박혀 이루신다는 의미이다(창 3:15, 눅 24:27,44, 요 5:39, 요 19:18,30).

에하흐 엘로힘 간략해설

에하흐 사전의미(예호와, 여호와Jehovah, 야웨yahweh)와 엘로힘의 사전적 의미는("하나님 God, 신들 gods, 재판관들 judges, 천사들 angels")는 이브리어 원어 텍스트의 의미가 아니다. 이런 사전표기에 대해서 신학자들과 목회자들, 성도들이 모르고 있었다. 존 로스 한 사람이 만든 '하나님'(주관적 가상 神, 미신 神)표기가 사전까지 바꿔버렸다. 이 죄와 사망의 영향이 존 로스와 같은 죄를 짓지 아니한 우리에게 143년간 이어져 오고 있다(롬 5:12,14, 롬 8:5-9, 마 16:23). 시급하게 이브리어 원어 텍스트의 본질의 이름, 엘로힘을 신구약 성경과 찬송가, 성경백과사전, 한글백과사전에 편찬해야 한다.

목회자들과 성도들이 이 사실을 알았다면 항거하여 반기를 들었을 것이다. 이 사실을 몰라서 가만히 있었을 것이다. 이것을 알면서 묵인하고 방임하였다면 그 목회자는 루하 엘로힘의 사자(목회자)가 아니다(사 56:10-12, 렘 6:13-14, 렘 14:13-14, 렘 23:13, 호 9:7-8, 마 5:37, 마 24:11-12, 마 24:24).

에하흐와 엘로힘은 고유명사이다. 시간이 흘러가면서 엘로힘은 보통명사가 되었다고 한다. 세월이 흘러가면서 고유명사가 보통명사가 되었다면 이브리어 텍스트의 본질에서 벗어난 것이다. 세상종말의 날까지 바뀌지 말아야 한다. 사람의 고유명사 조길봉 이름은 사후에도 조길봉으로 호적에 남는다. 하물며 만능들이신 엘로힘의 고유명사가 보통명사가 되었다는 것은 토착문화를 통한 쇠탄의 역사라는 것을 증명한다. 그러므로 이방우상 신상(출 20:23, 레 17:4), 신(출 32:4, 대상 16:26) 신들(출 20:3, 출 34:17)도 엘로힘이다. 그래서 학자들이 흔히 쓰는 말들이 있다. 어느 학자의 견해, 어느 학자의 추정, 어느 학자는 내 생각에는, 또는 어느 단어에서 파생되었다고들 한다. 필자는 그런 엘로힘이라면 믿지 않을 것이다. 필자가 학자들의 학문 연구를 부인하거나 비판을 하는 것이 아니다. 연구를 하되 어느 학자가 그랬다고 하지 말고 필자처럼 이브리어 원어 텍스트는 이렇다고 해야 한다. 이브리어 원어 텍스트의 고유명사 엘로힘과 한민족의 신의 명칭과의 명확한 구분을 짓기 위함이다.

학자들과 목회자들의 견해(見解)와 관점(觀點)을 달리할 수 있다는 것을 밝힌다. 학자들이 학문으로 만들어낸 엘로힘은 성경의 창조주 엘로힘이 아니다. 학자들의 추정과 견해, 또는 파생된 그런 엘로힘은 베레쉬트(창) 1:1절에 엘로힘이 아니다. 토착문화의 영향과 학자들의 결과물들이라고 할 수 밖에 없다. 학자들의 연구로 만들어진 엘로힘이 아니라 이브리어 원어 텍스트의 고유명사 엘로힘을 받아들이고 믿는 것이다. 팩트는 논쟁이나 연구의 필요성이 없다. 믿으면 된다. 필자는 천지만물을 창조하신 엘로힘께서 모든 것들의 만능들이심을 확실하게 믿는다(창 1:1, 창 18:14, 창 21:1-7, 창 24:1).

출애굽기(쉬모트) 3:14절을 인용하여 엘로힘을 스스로 있는 자라고 한다. 한문 스스로 자(自)의 영향의 표현이다. 신명기 6:4절의 원어 직역 문장정리를 보라 '이스라엘아 순종하라. 우리 엘로힘 에하흐는 하나이신 에하흐'라는 말씀은 에하흐는 능력과 생명으로 연결되어 영원 전부터 영원까지 실존하시는 분이시라는 의미이다. 그러므로 그의 말씀을 듣고 순종하라는 의미이다. 에하흐 엘로힘의 칭호는 변함없이 계속 유지보존하고 이브리어 원어 텍스트의 본질에 맞게 표기해야 한다.

육안으로 볼 수 없는 영이신 루하 엘로힘께서 최초로 모셰에게 나는 엘로힘이다(창 1:1), 나는 루하 엘로힘이다(창 1:2), 나는 에하흐 엘로힘(창 2:4)이라고 알려주셨다. 이 이름들이 팩트이다. 받아들여 믿으면 된다. 엘로힘은 '고유명사 남성 복수'이므로 모든 것들의 만능들이시다는 의미이다. 엘로힘의 모든 힘들, 능력들, 권세들, 지혜들을 대항할 이방신(神)들이 없다. 그리고 비교할 이방신(神)들과 우상들이 없다는 의미의 엘로힘이시다. 못하실 것이 없는 전지전능하신 분이라는 것을 알려준 이름이다(창 18:14, 대하 32:8, 슥 4:6, 막 9:23, 고후 10:4-6, 빌 4:13). 성경, 찬송가, 사전들을 엘로힘으로 편찬, 출간해야 한다.

(3) 엘로힘 אֱלֹהִים (430, 엘로힘 사전적 의미에서 하나+님 God, 신들 gods, 재판관들 judges, 천사들 angels이라고 하였으나 아니다, 모든 것들의 만능들, 힘들, 강함들, 권세들 등등이시다, 2,600회, 창1:1)이다.

특정된 고유명사 남성복수 '엘로힘은 만능들이시다.'는 의미이다. 엘로힘 상형문자 의미 해설과 에하흐 엘로힘 간략해설을 다시보라.

(4) 엘 אֵל (410, 엘 사전적 의미에서 하나님, 신 God, god이라고 하였으나 아니다. 힘, 강함, 능력이다, 240회, 창 14:8)이다,

이브리어 엘(240회) 원어에도 하나님이란 의미가 전혀 없다. '엘은 힘과 강함이시다.'라는 의미이다. 엘은 엘로힘의 어근이다. 그러므로 남성단수와 남성복수로 나뉠 뿐, 의미는 동일하다. 원어의 뜻을 거부한다면 한국교회는 쇠브(출 20:7)하는 일반종교로 영원히 남게 될 것인가? 위대한 기독교가 치명적 치욕(恥辱)의 일반종교로 영원히 남게 될 기로(岐路)에 서 있다. 루하 엘로힘의 심판의 진노를 피해 갈 수가 없을 것이다(롬 1:18-25). '창세로부터 그의 보이지 아니하는 것들 곧 그의 영원하신 능력과 신성이 그가 만드신 만물에 분명히 보여 알려졌나니 그러므로 그들이 핑계하지 못한다'(롬 1:20)고 하셨다(시 7: 9-17).

'엘로힘은 의로우신 재판장이심이여 매일 분노하시는 엘로힘이시다. 12 사람이 회개하지 아니하면 그가 그의 칼을 가심이여 그의 활을 이미 당기어 예비하셨다. 13 죽일 도구를 또한 예비하심이여 그가 만든 화살은 불화살들이다. 14 악인이 죄악을 낳음이여 재앙을 배어 거짓을 낳았다'(시 7:11-14)고 하셨다.

엘로힘의 좋은 명칭을 두고 한민족이 수천 년 섬기던 우상 하나님

(잡신, 잡귀)의 신을 존 로스가 1883년 10월 누가복음 성경에 표기하므로 143년 가르쳤고 믿어왔다. 2300년전 이집트 알렉산드라에서 유대인학자 72인이 이브리어를 헬라어로 번역하면서 특정된 고유명사 '엘로힘'의 원음을 그대로 옮겨 표기하지 않고 헬라인들의 일반신 '데오스(헬라신화 하위 신)로 바꿔 표기되어 있었으나 발견하지 못하고 2300년간 믿어왔다.

　이제는 이 쓴(마라) 뿌리, 이 죽음의 독(마웨트 - 죽음, 죽는 것, 죽음의 영역)을 뽑아내지 않으면 우리가 죽는다(왕하 4:40, 히 12:12-16). 이 본질의 전쟁에서 밀리면 저주 받아 다 죽는다. 21세기에 영적 분별력을 완전 상실한자들이 아니라면 엘로힘을 토속문화의 우상의 하나님으로 표기 할 수가 없다. 시급하게 한국과 전 세계 성경에서 우상 하나님의 명칭의 '마라'와 '마웨트'의 죽음의 독을 뽑아내는 방법은 하나밖에 없다. 신구약 성경과 찬송가에 엘로힘으로 표기하는 것이다. 대한성서공회가 거부한다면 필자와 뜻을 함께 하는 전문 신학자와 목회자들이 힘을 모아 「사단법인 원어성경공의회, 찬송가 편찬공의회」를 설립하여 원어에 맞는 성경과 찬송가를 편찬, 출간해야 한다. 필자는 생명을 다 바쳐서 대혁명의 대개혁의 부르심의 소명을 이루어갈 것이다. 본질로 회귀하는 대개혁에 올인하고 있다. 반드시 신구약 성경과 찬송가를 엘로힘으로 편찬, 출간하여 이브리어 원어 텍스트의 본질로 회귀하는 대개혁을 이룰 것이다. 루하 엘로힘 아버지!!!~~~ 성경과 찬송가 편찬, 출간의 뜻을 함께할 사명 자들을 보내주시옵소서(사 6:8).

엘로바흐 אֱלוֹהַּ (433, 엘로바흐 사전적 의미 - 하나님 God, 신 god, 약 60회)이다. 엘로바흐는 힘, 권능, 만능이시다. 욥기에서 40회 나온다. 욥의 고향이 우츠 עוּץ (5780, 우츠 - 삼림이 많은, 수목이 우거진)이다. 우츠는 가나안 북동부의 바산, 사해의 남동쪽 에돔, 아라비아 사막 북부 지역 등으로 추정된다. 토속문화의 영향이라는 확증을 보라. 에하흐께서 나오는 욥기 1장~2장에서는 '엘로힘'(하나님)이라고 한다. 욥3:4절 이후(3-37장)는 '엘로바흐'(하나님)라고 한다. 욥과 그의 친구들의 대화를 듣고 계시던 에하흐께서 38장에서 욥에게 말씀하실 때 욥 38:7절에 다시 '엘로힘'이라고 한다. 욥40:9절은 남성단수 '엘'(하나님)이라고 한다. 새겨보라. 토속문화의 영향이라는 것을 알게 될 것이다.

(5) 예슈아 יְשׁוּעָה **(3444, 예슈아 – 구원, 구출, 구조, 도움, 번영, 복지, 승리, 전능자의 구원, 창49:18, 78회)이다.**

예슈아 상형문자 의미 간략해설

예슈아는 '아멘하여 십자가에 못 박혀 영의 형상과 생명을 구원하시는 능력이시다.'는 의미이다.

예슈아의 사전적 이미를 보라. 예슈아를 믿으면 최상최대의 복을 받는다. 곧 죄 사함과 영생구원의 복이다. 최상최대의 복을 받은 자들은 환경에서도 구조와 구출의 도움을 받는다. 영적싸움에서 승리를 한다. 복지와 번영의 복을 받는다. 이러한 복들은 예슈아의 구원으로 주어진다는 의미이다. 헬라어에서 예슈아는 예수스, 이에수스이다. 한글성경 예수는 헬라어의 표기가 아니다. 그리스도도 헬라어의 표기가 아니다. 헬라어는 크리스토스이다. 그런데도 한국교회 목회자들은 교회에서 예수 그리스도라고 말한다. 원어대로 표기하여도 발음에 부담이 전혀 없다. 목회자들이 원어에 관심이 없고 연구를 안 하든지 아니면 알아도 모른 척하고 있든지... 무관심... 방관하고 있는 것일까요? 이제는 본질로 돌아가야 한다(갈 1:10, 7-12).

(6) 아버지 אָב (1, 아브 – 아버지, 신 32:6, 렘 3:4,19, 사 63:16, 호 1:10, 말 1:6)이다. 아브는 '만능으로 집을 만드시는 아버지이시다.'라는 의미이다.

성도들을 낳으신 아버지라는 의미이다. 우리 성도들의 아버지는 거룩한 영(하기오스 프뉴마, 이브리어 코데소 루하)이시다(마 1:20, 요 14:26, 행 1:8, 시 51:11, 사 63:10-11). 성도들은 거룩한 영이신 아버지께서 거주하시는 집이다(롬 8:14-16, 고전 3:16-17, 고후 13:5, 갈 4:4-7, 골 1:27, 창 2:7, 습 3:17). 아버지는 우리 성도들이 가장 많이 불러야할 칭호이다. 아버지!~~~ 예슈아를 마음에 영접한 자들은 엘로힘(만능들)아버지의 자녀이다. 엘로힘의 자녀들에게는 선택의 자유와 통치권의 권한을 부여해 주셨다(요 1:12-13, 창 1:28). 더 많은 설명이 필요하다. 심오한 진리들이 감추어져있다.

(7) 남편 בַּעַל (1166, 빠알 사전적 의미 – 결혼하다, 통치하다, 주인, 소유주, 남편, 사 54:5, 렘 3:14, 렘 31:25)이다.

빠알은 '마음의 집을 사모하여 바라보고 계시는 목자이신 남편이시다'는 의미이다. 성도들을 지으셨고 신부로 삼으셨다. 때로는 아버지와 부자관계로 말씀하신다. 그리고 빠알을 통하여 부부관계로 말씀하셨다. 부자관계와 부부관계는 떼려야 뗄 수 없는 사랑의 관계가 되었다는 말씀이다. 빠알하면 우상으로만 알고 있기에 상세해설을 한다.

빠알 상형문자합성어 : 뻬이트 + 아인 + 라메드이다.

● 상형문자 의미 해설

뻬이트 – 집, ～안에, 속사람, 마음의 집이다.

아인 – 눈, 대답, 예, 아니요. 이다.

라메드 – 목자, 막대기, 가르치다, 익힘이다.

빠알의 기본어근은 결혼하다, 통치한다는 의미이다. 빠알하면 불레셋 신(神)이나 이방신(神)의 대한 이미지일 것이다(민 22:41, 삿 2:11,13, 삿 6:25,28,30-32). 그러나 빠알의 원래의 의미는 에하흐 엘로힘과 사람과의 관계에 대하여 쓰여 졌다. 부부관계의 친밀관계를 알려주시려고 빠알의 칭호를 사용하셨다. 부부가 되면 이혼불가이다(마 19:5-6). 이혼불가라는 말씀은 영원히 성도들과 함께 하시는 만능의 남편이시다.는 의미이다.

'남편들아 아내 사랑하기를 크리스토스(그리스도)께서 교회(엑클레시아 - 불러냄을 받은 무리, 성도들)를 사랑하시고 그 교회를 위하여 자신을 주심 같이 하라'(엡 5:25)고 하였다(꼭 읽어보라. 엡 5:23-33). 부부관계를 말씀하시면서 신부인 성도를 살리려고 자신의 생명을 저주의 십자가에 내어주시기까지 사랑하고 계신다는 것을 알려주신 것이다.

'모든 사람은 결혼을 귀히 여기고 침소를 더럽히지 않게 하라 음행하는 자들과 간음하는 자들을 엘로힘께서 심판하시리라'(히 13:4)고 하였다. 영이신 아버지와의 영적 결합을 하였는데 신부된 성도가 우상을 섬김으로 영적 간음을 하면 엘로힘께서 심판하신다고 하셨다. 우상의 하나님(주관적, 가상 神, 미신 神, 졸개 神)을 믿고 섬기므로 영적 음행과 간음을 행하고 있다. 그래서 우리는 엘로힘의 심판을 받게 된다는 말씀이다. 이 심판을 받지 않으려면 창조주 엘로힘을 가르치고 믿어야 한다.

예슈아께서 아버지라고 하신 분은 영이신 아버지이시다. 영이신 아버지와 예슈아와 성도들이 영으로 하나되게 해달라는 예슈아의 기도이다(요 17:11,16,21-24). 영적인 사랑 관계로의 하나라는 의미이다. 예샤야(사) 54:5에 '이는 너를 지으신 이가 네 남편(1166, 빠알 - 결혼하다,

통치하다)이시라 그의 이름은 여군들의 에하흐이시며 네 구속자는 이스라엘의 거룩한 이시라 그는 온 땅의 엘로힘이라 일컬음을 받으실 것이라'고 하였다. 에하흐 엘로힘은 사람을 만드신 생명의 주인이시다. 생명의 주인이시므로 사람들이 가장 쉽게 알아듣도록 남편이라고 말씀하셨다.

남편은 아내(성도들)를 책임지고 사랑하고 보호하는 것처럼 우리성도들을 책임지시고 사랑하신다는 말씀이다(시 121:1-8). 헤어질 수 없는 영적인 부부관계를 말씀하신 것이다(마 5:32, 마 19:9). 음행은 이혼의 사유이지만 그 음행(우상섬김) 죄 까지 용서해 주신다. 엘로힘께서는 성도들의 영적인 남편이시다. 우상을 섬기는 아내인 이스라엘(고메르, 호 1:3, 호 3:1, 음란한 고메르는 아내가 된 성도)에게 이렇게 말씀하신다. ① 이스르엘은 엘께서 흩어 뿌리신다(호 1:4). ② 로루하마는 긍휼히 여김을 받지 못한다(호 1:6). ③ 로암미는 내 백성이 아니다(호 1:9). 에서 ① 이스르엘은 이스라엘 - 엘(강함, 능력)로 힘을 얻어 강하게 된 자로(호 1:10), ② 긍휼을 받지 못하는 로루하마는 그의 깊은 사랑을 받는 루하마로(호 2:1), ③ 내 백성이 아니라는 로암미는 내 백성이다는 암미로(호 2:1)바꿔 주셨다. 엘로힘의 사랑이 얼마나 큰지를 알려준 말씀들이다(호 1:1-9, 호 1:10-2:1, 호 2:2,16,19-23, 호 4:12-15, 호 5:3-4, 호 6:1-3, 호 14:1-4, 요 3:16, 롬 5:8, 엡 2:1-5, 요일 4:9-10).

사람이 왜 루하 엘로힘의 통치와 지배를 받아야 하며 주인과 소유주로 섬겨야 할까요? 그 이유는 사람은 루하 엘로힘께서 거하시는 집이기 때문이다. 사람이 실존하는 원인은 루하 엘로힘께서 거주하시므로 호흡하며 실존한다(창 2:7). 루하 엘로힘께서 사람을 떠나면 그것이 곧 죽음이다. 목회자들과 성도들이 이것을 잘 모르고 있다. 루하 엘로힘께서 성도들을 집으로 삼고 거주하시는 것을 결혼했다라고 표현하는 것이다. 루하 엘로힘께서 그것을 남편이라고 하신 것이다. 그 신랑으로 예슈아 크리스토스(이에수스 크리스토스, 예수스 크리스토스, 예슈아 마쉬아흐)께서 오셔서 이루셨다(요 19:30). 이제 예슈아 크리스토스와 결혼 즉 영적인 연합, 영적인 접붙임을 받은 자 되었다(마 25:1-10, 요 14:6, 요 15:1-6, 롬 11:17-19, 고후 11:2, 계 19:8).

아담은 루하 엘로힘에 의해서 만들어 졌다(창 1:2,26-28, 창 2:7,21-25). 여자의 존재가 남자에 의해서 만들어졌다(고전 11:8-9). 모든 사람은 루하 엘로힘의 통치와 지배와 다스림을 받아야 한다. 여자(아내)는 남자(남편)의 통제와 다스림을 받아야 한다는 분명한 이유이다. 신부된 성도가 남편이신 예슈아의 통제와 지배를 받지 않으면 신부로서의 자격을 상실한다.

성도들이 영이신 루하 엘로힘과의 사랑관계 유지를 위해 힘쓰지 않고(신 6:4) 루하 엘로힘의 능력을 이용하여 자기의 유익 - 이익(성공, 형통)을 도모하려는 경향이 많다. 기복신앙의 영향은 한민족의 토속 문화에서 왔다. 한국교회는 혼합종교와 함께 출발하였다고 보아야 한다. 한민족 신칭인 하나님(신화의 우상, 존 로스가 만든 주관적 가상 神)을 버젓이 창조주 하나님으로 믿어 왔다. 1881~1882년 3월 까지는 상데 (상제), 하느님, 하나님을 병기하여 표기하다가 1883년 10월부터 공식 적으로 성경에 하나님으로 표기함으로 시작하였다. 그러므로 기복 신앙은 진리의 본질을 떠난 것이다. 전능하신 루하 엘로힘에게서 멀 어진다. '하늘님께 비나이다'는 샤머니즘이다. 성도들의 기도방법은 예슈아께서 가르쳐주신 기도의 중심으로 해야 한다(마 6:8-13,31-34). 성 경 그 어디에도 기복신앙의 대한 말씀이 없다.

신약의 팔복+최상최대의 복(예슈아를 믿음으로 죄 사함과 영생구원)은 구 복이다. 구약성경에는 칠복이 있다. '이브리어 단어별 해설로 새롭게 알아가는 일곱가지 복'(2025.9.15발행)을 보라.

성경의 복들은 모두 영적인 복이다. 복의 순서가 명확한 성구가 있 다. 영혼이 잘되는 것이 항상 먼저이다. 영혼이 잘되면 이생에서 누 리는 복들은 보너스로 더하여 주시는 복이다(요삼 1:2, 마 6:8-13,31-34). 예슈아께서 가르쳐 주신 팩트이다. 번영복음의 탈을 쓰고 있는 기복 신앙의 출처가 토착문화의 영향이라는 것을 잊지 말아야 한다. 루하 엘로힘, 에하흐 엘로힘, 예슈아 크리스토스를 사랑하면 구하지 않아 도 부족함이 없도록 필요를 다 채워주신다(시 23:1-6, 창 12:1-3,8, 창 24:1). 그 사랑은 전능하신 아버지의 말씀순종이다. 말씀을 순종하지 않는 사람은 교인들이다. 성도가 아니다.

사람이 기복을 추구하지 않아도 빠알(영이신 루하와 영적결혼, 접붙임을 받고 그의 통치를 받음)을 하면 말씀들을 순종하게 된다. 순종하는 자들

에게 성경의 약속하신 복들을 받아 누리게 하신다(신 28:1-14, 마 6:24-34
, 요 15:4-5 등등). 사사(사팥 - 재판하다, 다스리다, 통치하다) 때에 이스라엘 백
성이 에하흐 엘로힘을 버리고 섬긴 대표적인 우상이 '빠알'이다. 우상
숭배 자들을 용서하지 않으신다. 둘째 사망 영멸지옥에 들어가는 죄
악이다(출 20:3-5, 레 20:1-6, 신 27:15, 시 115:8, 사 37:19, 사 44:9-20, 단 5:22-30, 고
전 10:7-8, 엡 5:5, 요일 5:21, 계 21:8, 계 22:15). 에하흐 엘로힘께서 가장 싫어
하시는 우상을 섬기는 것이다. 한글성경의 하나님은 토속문화 한민
족이 수천 년 섬겼고 지금도 섬기고 있는 우상의 하나님(신화의 우상,
존 로스가 만든 주관적 가상 神, 미신 神)이라는 것이 팩트다.

쇠탄의 미혹을 받아들이면 루하 엘로힘을 떠나므로 우상숭배를
한다. 우상숭배는 루하 엘로힘보다 더 사랑하는 모든 것들이다(창
3:1-6, 삿 17:6, 삿 21:25, 전 11:9, 마 4:1-11, 요 8:44, 약 1:15, 요일 2:15-17). 에하흐
엘로힘께서 우리를 얼마나 사랑하시는지를 이렇게 말씀 하셨다. '내
가 시기한다', '내가 질투한다'고 말씀하셨다. 이 사랑을 외면하고 계
속 우상과 음행을 행하면 멸하신다고 하셨다(출 20:5, 출 34:7,14, 레 20:5,
민 14:18,33, 신 4:24, 신 6:15, 신 7:10, 신 32:39-42, 수 23:16, 고전 10:6-11).

루하 엘로힘, 예슈아 크리스토스와 결혼한 성도는 마음과 눈을 다
른 것들에 빼앗기지 않는다. 그의 통치를 받고 사랑하며 행복과 자
유를 누리라는 것이 빠알의 진리이다(요 8:32,36, 요 16:13, 요 17:17, 고후
3:17, 시 25:5, 잠 1:23, 요일 4:9-11). 이제는 신랑 되시는 예슈아를 기쁘시게
해드리자. 전 세계 프로테스탄트 교회들은 이브리어 원어 텍스트의

이름 고유명사 엘로힘과 그 어떤 관련도 없는 자국(自國)의 최고의 신 (神-잡신, 졸개 신)들을 내려놓아야 한다. 이브리어 원어 텍스트의 본질로 슈브(되돌아가다, 회복하다)할 때가 되었다. 이제 전 세계 프로테스탄트들은 이브리어 원어 텍스트의 고유명사 엘로힘으로 모두 통일해야 한다. 이브리어 원어 텍스트는 하나인데 각 국가에서 믿고 섬기는 명칭들이 다른 이유는 토속문화의 신(神)의 명칭들을 사용하고 있다는 증거이다.

전 세계 프로테스탄트교회들은 하나의 이름으로 통일 되는 것이 루하 엘로힘 아버지의 뜻이다. 선교사들이 신생 선교 국에 선교를 하면서 선교국의 토속문화의 최고의 신(神)의 명칭을 이용하여 선교의 한 방편으로 사용하였다. 선교의 효과와 관계없이 이브리어 원어 텍스트의 중심으로 볼 때 너무나 큰 잘못을 넘어 영이신 아버지께 죄를 범한 것이다. 영이신 아버지께서 원하시는 선교방법이 절대 아니다. 이것은 시대를 초월하여 정당화하거나 합리화할 수 없다. "트렌토 종교회의(1545 - 1563)에서 로마가톨릭교회는 성경과 전통(傳統)이 모두 하느님의 말씀임을 선언하였다." 로마가톨릭교회의 본질을 알 수 있는 증거이다. 그러므로 프로테스탄트들은 로마가톨릭교회를 비 성경적이다. 우상종교이다. 그리고 기독교로 인정하지 않는 것이다. 토속문화의 신(神)들은 샤머니즘의 신(神)들이다. 무속의 신(神)들은 창조주 엘로힘(창 1:1, 엘로힘 - 요 1:1-3), 루하 엘로힘(창 1:2), 에하흐 엘로힘(창 2:4)이 아니다. 각 국가의 토속문화의 샤머니즘의 신(神)들이다.

그러므로 이제는 전 세계 프로테스탄트들은 이브리어 원어 텍스트의 엘로힘의 이름으로 통일성경을 출판해야 한다. 세계 각 국가에서 원어 텍스트의 언어는 아니지만 "예슈아 크리스토스"는 비슷하게 사용하고 있어 다행이지만 진리는 명확해야 한다. 그러나 엘로힘 아버지, 창조주 엘로힘을 각 국가에 샤머니즘 신(神)의 명칭으로 대처(對處)하여 믿고 부르고 있다는 것은 마음 아픈 일이며 세계교회의 현실이다. 지금 우리는 귀신의 상과 성찬을 같이 하고 있으며 벨리알과 크리스토스를 동일시하고 있다는 것, 또한 현실이다. 우리는 143년 전부터 존 로스가 만들어 낸 하나님을 아버지라고 믿고 있으며 그의 아들이 "예슈아 크리스토스"라고 믿으라고 가르쳐 왔다. 충격적이지 않습니까? 이제는 이브리어 원어 텍스트에서 알려주신 고유명사 엘로힘(만능들)의 이름을 믿고, 섬기도록 성경개정을 세계교회에서 추진해야 한다. 하루속히 한국 교회와 교단들과 뜻을 같이 하는 몇 사람이라도 「사단법인 원어성경공의회, 찬송가 편찬공의회」를 설립하여 대개혁의 운동을 추진해야 할 것이다.

아래 말씀을 보라.

개역개정 : 고린도후서 6:14-18 "너희는 믿지 않는 자와 멍에를 함께 메지 말라 의와 불법이 어찌 함께 하며 빛과 어둠이 어찌 사귀며 15 크리스토스와 벨리알이 어찌 조화되며 믿는 자와 믿지 않는 자가 어찌 상관하며 16 엘로힘의 성전과 우상이 어찌 일치가 되리요 우리는 살아 계신 엘로힘의 성전이라 이와 같이 엘로힘께서 이르시되 내가 그들 가운데 거하며 두루 행하여 나는 그들의 엘로힘이 되고 그들은 나의 백성이 되리

라 17 그러므로 너희는 그들 중에서 나와서 따로 있고 부정한 것을 만지지 말라 내가 너희를 영접하여 18 너희에게 아버지(파테르)가 되고 너희는 내게 자녀(휘오스(아들)뒤가테르(딸))가 되리라 주 엘로힘의 말씀이니라."고 하셨다. 거룩함은 곧 분리입니다. 루하 엘로힘께서 혼합주의를 싫어하신다(레 19:19, 신 22:9-11, 마 6:24, 약 3:10).

'한 사람이 두 주인을 섬기지 못할 것이니 혹 이를 미워하고 저를 사랑하거나 혹 이를 중히 여기고 저를 경히 여김이라 너희가 엘로힘과 재물을 겸하여 섬기지 못하느니라'(마 6:24)하셨다. 우리는 존 로스 이후 두 주인을 섬기고 있었다. 죄 사함과 영생구원은 예슈아 크리스토스를 믿음으로, 아버지는 "한민족의 미신하나+님"(하나의 신(神), 하늘(天)의 신(神)이었다. 성도들의 아버지는 루하 רוח 아브 אב - 프뉴마 πνεῦμα 파테르 πατήρ 한 분 뿐이다. '땅에 있는 자를 아버지라 하지 말라 너희의 아버지는 한 분이시니 곧 하늘에 계신이시니라.'

원어 직역 문장정리 : '그리고 너희가 이 땅위에(있는 자를) 아버지라고 불렀으나 아니다. 참으로 너희의 그 아버지는 그 하늘의 그 하나이다.'(마 23:9)고 하셨다. "그 하늘 οὐράνιος(3770, 우라니오스)"은 많은 해설이 필요함.

(8) 임마누엘 עִמָּנוּאֵל (6005, 임마누엘 - 엘께서 힘과 강하심으로 우리와 함께 계신다, 사7:14)이다.

임마누엘 상형문자 간략해설

'예슈아께서 진리의 생명의 경계선 안에서 우리를 보시며 만능(엘)으로 함께 하시는 분이시다.'는 의미이다. *상세해설은 2024년 5월 20일 발행 '이브리어 단어별 해설로 새롭게 알아가는 신론 죄론 p103을 보라.'

이브리어 임마누엘 합성어, 간략해설

임마누엘은 임(עִם , 5973 : ~와 함께)과 엘(אֵל , 410 : 힘, 강하심, 만능이심)의 합성어이다.

이브리어 원어의 의미는 상형문자의 의미와 사전적 의미가 종합해설 되어 질 때 루하 엘로힘의 뜻이 명백하게 알 수 있다. 이브리어 근대어로 변천되었지만 상형문자의 의미가 그대로 내포되어 있다.(의미가 없다는 학자도 있다. 그러나 개신교로 개종한 유대 랍비들은 근대어로 상형문자 의미를 해설한다)

남성단수 엘께서 우리들과 함께 하신다는 것은 엄청난 기적이다. 엘은 힘, 강하심, 만능 등등의 의미가 있다. 엘을 믿으면 환경에서 일어나는 어려운 일들로 인하여 걱정하지 않는다. 원망 불평하지 않는다. 염려, 근심하지 않는다. 두려워하지도 않는다. 도리어 엘께서 해결해 나가신다는 기대감을 가지고 소망한다. 기도하며 기다리고 바라본다. 필자는 어려운 문제를 만날 때마다 말씀을 주셨다(시 118:18, 고전 10:13, 시 18:1). 이 말씀들은 목회 중에 3번의 큰 난관(難關)을 이기는 기적의 말씀들이다. 루하 엘로힘께서 살아 실존하신다는 것을 체험하는 말씀들이었다. 이 난관들을 통과한 이후로는 평탄한 솨람 שָׁלֵם(완전하다, 완성하다, 온전하다, 평안, 안녕, 번영, 형통, 승리)과 톱 טוֹב(좋은, 선한, 즐거운, 유쾌한, 모든 좋은 것, 선, 이익, 번영, 복지(福祉)를 누림)의 목회를 하고 있다.

헬라어 엠마누엘, 간략해설

Ἐμμανουήλ(1694, 엠마누엘 - 엘(힘, 강하심, 능력)께서 우리와 함께 계시다, 마 1:23)이다.

엠마누엘은 이브리어식 발음이다. ① 엠마누엘을 만능이신 엘께서 우리와 함께 계신다. ② 힘이신 엘께서 우리와 함께 계신다. ③ 강하신 엘께서 우리와 함께 계신다는 의미이다. 신약성경의 하나님은 모두 엘로힘이시다. 앞으로 신약성경은 모두 엘로힘으로 표기하여 읽어야 한다. 그리고 '하나님(주관적 가상 神, 잡신, 우상)이 우리와 함께 계신다'가 아니다. '엘께서 우리와 함께 계신다'는 의미이다. 구약성경은 엘로힘으로 표기하여 읽어야 한다. 신구약 성경에 하나님은 토속문화 한민족이 수천 년 믿고 섬겨왔던 단군신화의 우상 신(神)이다. 존 로스가 만든 신(주관적 가상 神, 미신 神, 신화 神)이다. 이브리어 원어 텍스트의 창조주 엘로힘과 전혀 관련이 없는 우상 신(神)칭 사용을 중단해야 한다. 성경을 읽으면서 신구약 성경에 하나님은 모두 삭제하고 '엘로힘'으로 표기하여 사용해야 한다.

(9) 아도나이 אֲדֹנָי (136, 아도나이 사전적 의미-나의 주, 나의 주님, 나의 주인,

창 15:2)**이다.**

아도나이는 '나의 주, 나의 주님이시다'는 의미이다.

> **상형문자 합성어 : 알레프 + 딸레트 + 눈 + 요드이다.**

● **상형문자 의미**

알레프 - 소, 힘, 희생, 배움이다.

딸레트 - 생명의 문, 종속이다.

눈 - 물고기, 규정, 규칙이다.

요드 - 쥔 손, 하게함, 되게 함, 능력이다.

● **상형문자 의미 해설**

아도나이가 '나의 주'라는 것은 에하흐 손의 능력으로 하게 하시는 나의

주, 만능의 힘이신 나의 주, 생명의 문안에서 살라고 하시는 나의 주, 루

하 에하흐께서 정하여 놓으신 생명의 경계선을 넘어가지 말라고 하시는

나의 주시라는 의미이다.

이러한 의미가 있어서인지는 모르겠으나 유대인들은 에하흐 이름을

두려워서 읽거나 부르지 못하고 에하흐를 아도나이로 읽고 부른다. 이

것은 모세와 아브라함의 믿음의 행위를 따르지 않는 것이다(요 8:33,39-40,56). 에하흐 이름은 부르라고 주셨다(창 4:26, 창 12:7-8). 아브라함은 나의 주(아도나이) 에하흐라고 부르기도 하였다(창 15:2). 아브라함처럼 나의 주 에하흐라고 부르는 것은 성경적이다. 에하흐를 아도나이를 부른다고 두려움이 사라지는 것이 아니다. 에하흐를 경외하는 것도 아니다. 에하흐를 사랑하는 것도 아니다. 에하흐는 죄를 심판하신다. 우상숭배를 심판하신다. 에하흐 이름을 부르라고 주셨는데 부르지 않고 아도나이라고 부르는 것이 망령된 죄를 짓고 있는 것이다(출 20:7). 에하흐 이름을 부른다고 심판하지 않으신다. 그러나 다른 신, 미신, 우상 이름을 섬기고 부르면 죽이신다(신 17:2-7). 에하흐 엘로힘의 이름을 모독하는 목회자(선지자)를 죽이고 죽이신다(레 24:16, 신 18:20). 성경 어디에도 에하흐를 나의 주(아도나이)라고 부르라는 말씀이 없다. 에하흐를 나의 주(아도나이)라고 부르지 않으면 너희를 심판하겠다는 말씀도 없다.

에하흐여!~ 나의 능력이여! 나의 생명이여! 나를 실존케 하시는 이시여 라고 자연스럽게 부르도록 연습을 하시기 바란다.

아버지와 빠알과 임마누엘의 해설을 다시 읽어보라. 아버지를 아저씨라고 부르면 되겠습니까? 에하흐 엘로힘께서 친히 우리의 남편이라고 하셨다. 두려움의 대상이 아니라 사랑과 존경의 대상으로 함께 하신다는 것은 영광중에 영광이다.

(10) 데오스 θεος(하나+님 God, 신 god이 아니라 헬라신화의 하위 신 바울 - 행 28:6, 시몬마술 - 행 8:10, 헤롯 - 행 12:22, 바나바, 바울 - 행 14:11-12, 아데미 - 행 19:26)이다.

데오스는 헬라신화의 하위 신이다. 그러므로 엘로힘의 의미가 전혀 없다. 헬라는 대표적인 13개의 신화의 신을 섬긴다. 데오스는 그 중에도 끼지도 못하는 하위 신(잡귀)이다. 필자의 고유명사 이름은 조길봉 - 趙吉奉 - gil-bong Jo - チョ·ギルボン이다. 어느 나라에 가도 바뀌지 않는다. 사망 이후에도 호적에 조길봉 - 趙吉奉 이름이 표기되어 있다. 하물며 루하 아버지께서 어떤 분이신지를 알려주는 이브리어 원어 '엘로힘'을 헬라어 '데오스'(헬라신화의 잡신)와 '하나님'(주관적 가상 神, 미신 神)으로 표기 한 것은 쇠탄의 역사라는 명백한 증거이다.

우리가 믿는 루하 엘로힘은 무소부재(천지에 충만, 렘 23:24, 시 139:7)하시지만 우리 안에 계시는 분이시다(창 2:7, 요 14:17, 골 1:27, 눅 17:21). 하나님(하늘 heaven + 님 prince)은 사람과 함께 하지 않는 하늘의 신이다. 하나님(하늘 heaven + 님 prince, 주관적 가상 神)이라는 명칭을 긍정적으로 '하나'이신 '님'으로 받아들인다 할지라도 그 하나님(주관적 가상 神)은 하늘에만 있다. 너무 멀리 떨어져 계셔서 만나기 힘들고 분리되어 있다. 우리와 함께 계시는 임마누엘(이브리어), 엠마누엘(헬라어)이 아니다(사 7:14, 사 8:8, 마 1:23, 요 17:11,21-24). 죽어 천국도 성경과 배치(背馳)된다. 살아 있을 때 마음의 엘로힘 바실레이아(왕국)를 누리지 못하면 죽어서 엘로힘 바실레이아(왕국)에 들어갈 수 없다(엘로힘 바실레이아, 눅 17:21). 천국(天國 - 하늘에 있는 나라)의 한자는 엘로힘 왕국의 진리를 왜 곡하였다.

이브리어 원어텍스트가 아닌 것들은 양보하고 타협할 수가 있으나 이브리어 원어텍스트 진리의 본질은 타협할 수가 없다. 양보할 수가 없다. 생명 걸고 지켜야 한다.

◆ 루카스유앙겔리온(눅) 17:21절 중심으로

본문 : 루카스 유앙겔리온(눅) 17:21 '또 여기 있다. 저기 있다고도 못하리니 하나님(엘로힘)의 나라(바실레이아 - 왕국)는 너희 안에 있느니라.'고 하였다.

원어 직역 : ~도 아니다 그것들 저들에게 말하였다. 보라. 이쪽 저쪽 보라. 참으로 그 왕국 그 엘로힘 안에 너희 그가 있다.

원어 직역 문장정리 : 그것들을 그들에게 말하였다. 보라. 저쪽과 이쪽도 아니다. 보라. 참으로 그 엘로힘의 그 왕국은 너희 안에 그가 있는 것이다.

성도들의 마음 안에 영이신 루하 엘로힘께서 거주하시는 곳이 곧

왕국이다. 마음에 쏴탄이 거주하면 곧 지옥이요, 쏴탄의 집이다(마 12:43-45, 눅 8:2,27-30).

예슈아께서 말씀하신 복음의 성경을 뒤집어 버리는 쏴탄의 세력이다(창 2:17, 창 3:4). 루카스 유앙겔리온(눅) 17:21절과 예슈아와 루하 엘로힘께서 우리와 함께 하신다는 수많은 성경구절들을 부인하는 자이다.

עִמָּנוּאֵל (6005, 임마누엘 - 엘이 우리와 함께 계신다, 사 7:14, 마 1:21-23)임마누엘은 임(עִם, 5973 : ~와 함께)과 엘(אֵל, 410 : 엘 남성단수 - 힘, 강하심, 능력)의 합성어이다. 물(진리 약 1:18, 벧전 1:23)과 성령으로 거듭남이 임마누엘 완성이다(요 3:3-8, 요 16:7-13, 행 1:4,5,8, 행 2:14). 또 다른 말씀은 예슈아 크리스토스를 마음에 영접하여 믿는 자에게 임마누엘이 완성된다(요 1:12-13, 요 3:15-17, 요 5:24-25, 롬 8:1-2).

> **너와 함께(임메카)** עִמָּךְ **전치사 – 2인 남성 단수**(창 21:22 창 26:28, 창 28:15, 수 3:7)**이다.**
>
> **나와 함께(임마디이)** עִמָּדִי **전치사 – 1인 공성 단수**(창 28:20, 시 23:4)**이다.**

성도들을 성전(엑클레시아)이라고 하는 것은 거룩한 영께서 성도들을 집으로 삼고 거주하신다는 말씀이다(마 10:20, 요 14:16-17,23, 롬 8:9, 고전 3:16-17, 고전 6:19-20, 고후 13:5, 갈 4:6, 골 1:27, 딤후 1:14, 요일 4:13). 거룩한 영께서 우리 마음의 집에 거주하신다는 것을 의식하며 살아가는 자들이 믿는 일을 바르게 한다. 예슈아께서 육신을 입으시고 이 땅에 오셨다. 저주의 십자가에서 대리적 속죄를 완성하셨다. 예슈아께서 성도들과 영원히 함께 하신다는 예언의 말씀을 이루셨다(사 7:14, 마 1:21-23, 요 19:30). '다 이루었다' 헬라어는 텔레오 τελέω(5055, 텔레오 - 끝내다, 끝나다, 완성하다, 수행하다, 성취하다, 가르치는 일을 수행하다, 말한 것을 수행하다, 약속을 이루다, 목적에 따라 실행하다, 행하다)이다. 루하 엘로힘께서 선지자들에게 가르쳐주시고 말씀하신 것들을 예슈아께서 직접 수행하셨다. 예언의 말씀에 따라 예슈아께서 약속을 다 이루셨다.

신구약 성경 70권(시편을 5권으로)은 거룩한 영의 감동의 말씀이다. 신앙과 행위의 정확 무오한 유일한 법칙이다. 한글 신구약 성경과 찬송가에 하나님으로 표기되어 143년간 불러왔다. 한민족 토착문화의 샤머니즘 하늘님을 유일하신 하나님(주관적 가상 神, 잡신)으로 부르는 한국교회가 되었다. 쏴탄 미혹에 넘어간 존 로스는 1880 - 1883년 9월 판까지, 예수성교 누가복음젼셔와 예수성교요한복음젼셔에 '상데'(上帝 - 중국의 최고의 神)와 조선 토속문화의 神, 하느님, 하나님을 병기 표기 하다가 1883년 10월 누가복음 판부터 하나님(주관적 가상 神, 미신 神)으로 정식 표기하였다. 2025년 2월 20일부터 목회자 모임 곳곳에서 신구약 원어 텍스트에는 하나님(주관적 가상 神, 잡신)이라는 명칭이 없다는 사실을 전하고 있다. 한국교회 목회자들과 성도들이 한민족이 부르는 미신 신의 하나님(주관적 가상 神, 잡신)을 믿고 부르고 있다. 언제까지 믿고 부를지 참담한 현실이다. 신구약 성경과 찬송가, 성경백과사전, 한글백과사전에 특정된 고유명사 엘로힘으로 편찬, 출간해야 한다.

존 로스는 "무엇보다도 하늘에", "God"을 "하느님"으로 1881년부터 최초로 표기하였다. 지식인들의 한문식 "상제"(上帝), "천주"(天主)를 민중이 애용하는 언어로 하느님/하나님으로 표기하였다."[23] 자료들은 차고 넘친다. 1883년 당시 '엘로힘'을 버리고 가톨릭은 '하느님'으로, 개신교는 '하나님'(미신 神, 샤머니즘, 신화 神)으로 타락한 인간들이 결정한 이름이 성경과 찬송가에 표기되어 오늘에 이르렀다. 이제는 본질로 회귀해야 한다.

반증(反證)

"하늘에", "God"을 "하느님"으로 1881년부터 최초로 표기하였다고 하였다. 처음부터 신구약 원어 텍스트의 칭호들과 관련이 전혀 없는 하나님(하늘 heaven + 님 prince, 주관적 가상 神)의 명칭을 계속사용해도 될까요? "한문식 "상제"(上帝), "천주"(天主)를 민중이 애용하는 언어로 하느님 / 하나님으로 표기하였다."고 하였다.[24]

자료들은 차고 넘친다. 베로이아(베뢰아) 성도들처럼 성경에서 성경으로 되새겨 봐야 한다. 민중이 애용하는 언어 하느님, 하나님으로 성경에 표기한 것은 처음부터 토속문화를 받아들였다는 명백한 증거이다.

한민족이 수천 년 부르던 신칭인 우상하느님, 우상하나님을 성경에 표기하여 놓았다고, 유일한 창조주로 인식하며 믿고 섬긴다고 에하흐 엘로힘이 되는 것이 아니다. 미신 神, 모방 神에 지나지 않는다. 성경 번역자들은 엘로힘의 존귀한 이름을 파괴한 원흉들이다. 사실이 아니었다면 사실로 돌리는 것이 지극히 정상적인 것이다. 사실로 돌아가는데 목회자들이 힘을 모아야 한다. 루하 엘로힘 아버지의 이름이 사실이냐 가짜냐를 가리는 중차대(重且大)한 일이다.

존 로스와 토속문화 신학자와 상황 신학자는 중국은 "상제"(上帝), "천주"(天主)로 믿고 섬긴다. 일본은 神様(かみさま 카미사마)로 믿는다. 인도는 빠르메슈와르(Parameshwara. 힌두교의 "최고의 신" 또는 "최고의 주"), 러시아는(바가 Бага(Baga) 신은 위대함과 권위, 신성한 존재, 힌두교 "바가반"에서 유래, 고스포드(Господь(Gospod) 주님, 주), 동방 정교회에서는(하나님 Theosis - 神化), 캄보디아는(프레아 치압부(ព្រះជាប្ដី) 신(神), 주, 주님)는 믿는다면서 신학적으로 전혀 문제가 없다고 한다. 그렇다면 신구약 원어 텍스트(성경70권, 시편을 5권으로)은 신앙과 행위의 유일한 법칙으로의 팩트의 가치를 상실하는 심각한 문제가 발생한다. 성경의 팩트를 파괴하는 자들은 자유주의 신학자이다. '나는 에하흐라 나 외에 다른 이가 없나니 나밖에 신(神, 엘로힘)이 없느니라(출 20:3)고 하셨다. 선교 신생국인 조선 땅에 최초로 예슈아 크리스토스의 복음을 전한 선교사(독일 출신의 칼 프레드릭 어거스트 귀츨라프선교사(1803~1851), 1832년 7월 17일 황해도 서해안 장산곶

부근에 도착함)와 중국(7세기 초 "성 아우구스티누의 제자"인 "하이에"선교사, 1582년 "예수회" "마테오 리치"신부선교사)과 일본(1549년 "예수회" 소속 "프란시스코 자비에르" 신부선교사), 인도에 성 토마스(55년 인도에 처음으로 기독교를 전파한 사도로, 인도 케랄라에 전통적인 동방 기독교 교파인 성 토마스, 덴마크 상인들이 데려온 개신교 목사들에 의해 이미 17세기부터 남인도에 개신교회가 세워졌다고 함), 러시아 최초 선교사 성 키릴과 성 메토디우(9세기 중반에 슬라브 민족을 대상으로 기독교를 전파)였다. "트렌토 종교회의(1545-1563)에서 로마가톨릭교회는 "성경과 전통(傳統)이 모두 하나님의 말씀임을 선언"하였다는 것은 로마 가톨릭 신부들이 선교한 모든 국가들마다 전통문화의 샤머니즘 신(神)들로 엘로힘을 대신하였다는 확실한 증거이다.

개신교회의 목사들, 선교사들도 외에는 아니었다. 복음을 전한 선교사들이 모두 영어 문화권인 유럽(신부들과 목사들)과 미국 선교사들이었다. 그러므로 이브리어 원어 텍스트가 아니라 영어성경과 한문성경을 기본으로 하여 선교국의 토착문화의 무속(巫俗)신(神)의 명칭으로 성경에 표기하였다는 것이 팩트이다. 중국은 "상제"(上帝 - 하늘에 계신 임금), "천주"(天主 - 하늘의 주인), 일본은 "神様"("かみさま 카미사마" - 귀신(鬼神)은 신성한 존재), 한국은 "하느님"(하늘 heaven + 님 prince, 주관적 가상 神), "하나님"(하늘의 신(神)), 영어는(God - 최고의 존재, 신(神)), 인도는 빠르메슈와르(Parameshwara. 힌두교의 "최고의 신" 또는 "최고의 주"), 러시아는(바가 Бага(Baga) 신은 위대함과 권위, 신성한 존재, 힌두교 "바가반"에서 유래, 고스포드(Господь(Gospod) 주님, 주), 동방 정교회에서는(하나님 Theosis - 신선함), 캄보디아는(프레아 치압부(ព្រះអាទិទេព) 신(神), 주, 주님) 몽골에 "보르항"(Burkhan, Бурхан, 신, 부처

님, 몽골 인들이 오랫동안 최고의 신으로 믿어온 명칭), 터키에 "탄르"(Tanrı, 하늘의 신, 천신(天神), 투르크족의 전통 신앙 '텡그리'(Tengri, 하늘을 다스리는 최고신)에서 유래함, 일반적인 신 또는 알라(Allah)를 지칭하기도 함), 베트남에 "쭈어"(Chúa, 신, 지배자, 주인), 말레이시아에 "알라"(Allah, الله, 이슬람교의 신(神) '알라'을 사용하므로 종교적 갈등을 격고 있다. 2014년 말레이시아 연방법원은 기독교 매체인 헤럴드(Herald Malaysia)의 소송에서 이슬람교의 신(神) '알라'를 기독교의 하나님 이름으로 사용할 수 없다는 판결을 내림), 싱가포르에서는 영어로 (God), 중국어로 '上帝'(Shàngdì), '神'(Shén), 말레이어로 '투한'(Tuhan, 절대적인 존재, 창조주, 신, '투한'은 기독교와 이슬람교가 같이 사용함), 필리핀에서는 "바탈라"(Bathala, 신, 창조주, 주권자, 필리핀의 토착 신), "디요스"(Diyos, 신, 하나님), "팡이눈"(Panginoon, 주님, 주인, 필리핀에서는 기독교와 가톨릭이 같이 사용함)로 표기하였다.

객관적인 이브리어 엘로힘으로 표기하지 않고 주관적으로 토속문화의 대신(大神 - 원시종교나 신화의 큰 귀신(鬼神), 무서운 귀신(鬼神))으로 번역들을 하였다. 이것이 타락한 인본주의자들의 선교방법이었다는 증거이다. 이것은 영이신 아버지의 말씀을 불순종한 죄이다. 영어권 선교사들이 엘로힘으로 번역하지 않았다. 한국, 영어권, 일본, 중국 등 모든 나라들에서 토속문화의신들을 창조주, 유일신으로 믿게 하였다는 증거이다. 각국어로 성경을 번역하는 초기(初期)부터 토속문화의 신(神)칭으로 번역한 것이 21세기 오늘날까지 이어져 내려오고 있다. 이래도 신학적으로, 선교학적으로 문제가 없다고 하시겠습니까? 더 이상 미신의 神 "하나님"(하늘 神, 미신 神, 주관적 가상 神)을 믿거나 불러서는 안 된다.

객관적인 이브리어 원어 텍스트를 부인하는 신학자와 목회자는 불행한 자들이다. 그 신학자에게 배운 신학생들과 그 목회자의 예배당에 다니는 성도들이 불행하다. 몰랐다 할지라도 '쇠브'(공허, 헛됨, 허무, 거짓)의 죄요, 우상숭배의 죄이다(출 20:3-7).

바울은 갈라디아 1:10절에 '이제 내가 사람들에게 좋게 하랴 엘로힘께 좋게 하랴 사람들에게 기쁨을 구하랴 내가 지금까지 사람들의 기쁨을 구하였다면 크리스토스의 종이 아니니라'고 하였다(행 5:29, 고전 1:18-29). 사람의 기쁨을 구하는 자는 쇠탄이다(마 16:23). 육신의 생각은 사망이다. 루하 엘로힘의 원수이다. 크리스토의 사람이 아니다(롬 8:6-9)라는 말씀들을 두렵고 떨림으로 마음에 받아들여야 한다(빌 2:12-16, 계 21:8).

전 세계가 신구약 원어 텍스트에 맞게 통일하여 하나이신 에하흐 엘로힘을 믿고 불러야 한다(신 6:4, 요 8:41, 고전 8:4, 약 2:19, 유 1:4, 출 3:15). 대한성서공회는 성경을 폐기하고 미신 하나님, 추상의 신의 명칭이 없는 성경을 발행하겠다는 사과문 발표를 기대해 본다. 사과문을 발표하지 않는다 할지라도 진리를 사모하고 신구약 원어 텍스트로의 개혁을 원하는 목회자들이 일어나서 교회에서 광고를 하여 성도들에게 성경 불매운동을 장려해야 한다.

우리 후손들에게 '미신 하나님'이 표기되어 있는 가짜 성경, 가짜 하나님을 믿으라고 할 수 없다. 절대 '한민족이 수천 년 섬기고 믿고 있는 우상을 우리의 하나님 아버지'라고 믿고, 섬기며, 부르게 할 수 없다. 우상의 이름을 부르면 죽는다(레 24:16, 신 18:20, 수 23:7, 시 16:4, 마 12:31, 계 21:8). '에하흐의 이름을 모독(나캅 - 찌르다, 뚫다, 저주하다, 악담하다)하면 그를 반드시(우마트 - 그를 죽이며) 죽일지니(무트 - 반드시 죽이고) 온 회중이 돌로 그를 칠 것이니라 거류민(외국인, 체류자)이든지 본토인이든지 에하흐의 이름을 모독하면 그를 죽일지니라'(레 24:16)고 하셨다. '만일 어떤 선지자 내가 전하라고 명령하지 아니한 말을 제 마음대로 내 이름으로 전하든지 다른 신(神)들(미신, 우상들, 잡신, 잡귀)의 이름으로 말하면 그 선지자는 죽임(부멜 - 계속 그런 자를 죽이라)을 당하리라'(신 18:20)고 하셨다. 알면 살고 모르면 죽는다. 알아도 지켜야 살고 지키지 않으면 죽는다(호 4:6, 약 2:20-26).

호세아 4장6절에 '지식'은 '따알' דַּעַת (1847, 마소라 모음 표기 - 따알, 사전 표기 - 다아트 - 지식, 이해)이다.

따알 간략해설

따알의 지식은 일반지식을 말하는 것이 아니다. 이 지식이 무엇인지를 '따알'에 담아 놓으셨다. 영적 눈, 귀, 마음이 열려야 보이는 생명의 십자가 복음이다. 입이 열려야 이 복음을 전한다. 예슈아께서 나를 위하여 십자가에서 대신 죽으셨다는 눈이 열려야 한다, 이 눈이 열리면 생명의 문이신 예슈아께서 보이기 시작한다. 생명의 문을 통하여 생명의 꼴을 먹게 된다(요 10:1-9, 계 3:20, 시 100:3-4).

'따알'의 지식은 예슈아께서 십자가에서 나를 위하여 대리적 속죄의 희생물이 되셨다는 의미이다. 자기가 생명의 문이신 예슈아 안에 있고, 예슈아께서 자기 안에 있는 것이 느껴지고 이해가 된다(요 14:20). 이것이 '따알'의 지식이다.

예슈아 십자가의 복음이 이해가 되지 않는 사람은 영적인 눈, 귀, 입, 마음이 닫혀있는 사람이다. 영으로 거듭나지 못한 자들은 멸망한다는 말씀이다.

신구약 원어 텍스트에는 '하나님'이 없다고 필자가 전하면 공감들을 하지만 쉽게 '엘로힘'이라고 하지는 못하는 것을 본다. 그러나 소수의 목회자들이 바뀌고 있어서 기쁘다. 예슈아 크리스토스를 믿으면 죄 사함과 영생구원을 받는 것이 맞다. 그러나 예슈아를 보내주신이가 '미신 하나님'이 아니다. 한민족의 우상 하나님이 아니다. 미신과 우상을 아버지라고 믿고 부른다면 심각한 문제가 발생한다. 예슈아께서 '아버지와 나는 하나'라고 하셨다(요 5:23, 요 10:30, 요 14:1, 요 17:5,10,21-26, 요일 5:20). '미신 하나님을 아버지'라고 믿고 부르고, '한민족의 우상 하나님을 아버지'라고 믿고 부르는 자는 죄 사함과 영생구원을 받지 못한다(민 14:28, 레 24:16, 신 18:20, 계 21:8).

팩트는 믿고 받아들이는 것이다. 팩트는 과학적으로 검증하는 것이 아니다. 팩트는 디스커션(discussion, 토론, 대화, 논의, 회의)의 문제가 아니다. 1+1=2을 과학적으로 검증합니까? 받아들여 믿는 것이다.

조길봉을 과학적으로 검증해서 아는 것이 아니다. 동사무소에 가서 등본발급을 받아보면 바로 안다. 더 자세히 알려면 호적등본을 발급받아보면 누구의 아들인지, 또 몇째 아들인지의 근본을 알 수 있다.

우리의 영적호적등본은 이브리어 원어 텍스트이다. 이브리어 원어 텍스트에 없으면 70인역(LXX)에도 없어야 한다. 그런데 감쪽같이 엘로힘을 헬라신화의 일반 신 데오스(하위 신, 잡신)로 바꿔치기를 해버린 것이다. 이브리어 원어 텍스트에 없는 것이 헬라어로 번역과정에서 들어갔다. 세계 각 나라들마다 성경번역 과정에서 각 나라의 귀신들, 미신의 신, 우상의 신 칭으로 엘로힘을 대신하였다는 것이 명백한 팩트이다. 이러므로 지금 당장 신구약 성경과 찬송가에 우상 신 하나님(주관적 가상 神, 잡 神, 추상의 神)을 모두 창조주 엘로힘으로 편찬, 출간해야 한다(고후 6:2).

'이르시되 내가 은혜 베풀 때에 너에게 듣고 구원의 날에 너를 도왔다 하셨으니 보라! 지금은 은혜 받을 만한 때요. 보라! 지금은 구원의 날이로다.'(코린도스베타(고후) 6:2)

원어직역 : 참으로 그가 말씀하셨다. 내가 너에게 귀를 기울여 듣고 있다. 받아들일 수 있는 시간이다. 그리고 구원의 날 안에서 내가 너를 돕는다. 보라! 지금이 잘 받아들일 수 있는 시간이다. 보라! 지금이 구원의 날이다.고 하셨다.

고후 6:2절 중심으로 간략해설

εὐπρόσδεκτος (2144 유프로스덱토스 - 잘 받아들일 수 있는, 환영할 만한)

εὐπρόσδεκτος, 형용사 주격 남성 단수 : ἰδού (2400 이두 - 보라!, 자!)

ἰδού 지시 불변화사

νῦν (3568 넌 - 지금) νῦν 부사

καιρός (2540 카이로스 - 시간, 시점, 순간) καιρὸς 명사 주격(주어, 문장의 주체) 남성 단수

보라 - 헬라어 '이두'는 '지시 불변사'이다. 카이로스(시간, 시점, 순간)는 문장의 주체이다. 구원을 받아들일 수 있는 시간이 지금이라는 것이다. 지금 이 시간, 지금 이 시점이 지나가면 구원을 받을 수 없다는 것이다. 잘 받아들일 수 있는 시점이 지금이라는 것이다. 이 시간은 순간적으로 지나간다. 죄 사함과 영생구원도 지나간다.

죄 사함과 영생구원은 '보라'고 불변의 지시를 하셨다. 죄 사함과 영생구원이 보이는 자는 지금 그 시간, 지금 그 순간, 지금 그 시점을 결코 놓치지 않고 잡는다. 지금이 가장 잘 받아들일 수 있는(유프로스덱토스) 시간이다. 이 다음은 나의 시간(카이로스)이 아니다.

지금 돌이켜 엘로힘으로 슈브שׁוּב(되돌아가다, 되 돌이켜 회복하다)해야 한다. 신구약 성경과 찬송가에서 미신 신 하나님이 사라지고 창조주 '엘로힘'으로 표기되는 그날이 반드시 온다. 루하 엘로힘 아브께서 앞서 가시면서 일하시고 계시기 때문이다.

8.

쇄탄과 존 로스

쇄탄ן蔑 (7854, 쇄탄 - 대적, 대항자), 마귀שׁד (7700, 셰드 - 악마, 마귀), 귀신 δαιμόνιον(1140, 다이모니온 - 귀신, 악령, 신(神), 신적(神的) 존재)이 하는 일들을 현재까지 112가지를 찾았다.

그 중에서 9가지만 본서와 관련하여 간략해설 한다. 112가지는 쇄탄, 마귀, 귀신의 본질들이요. 속성들이다.

> **쇄탄 상형문자합성어 : 쉰 + 테트 + 눈이다.**

● **상형문자 간략 해설**

쉰 - 이빨, 되새김질, 형상, 모양, 올바름이다. 쇄탄은 영물이다. 육의 눈으로 볼 수 없다. 하늘의 권세를 잡은 사악한(포네리아) 영적인 존재(프뉴마티코스)이다(엡 6:12). 쇄탄은 의의 올바름이 없다. 사악하고 더럽다.

테트 - 뱀(쇄탄, 마귀, 계 12:9), 선한 것, 지혜이다. 뱀에게는 선한 것이 전혀 없다. 선한 것은 영이신 루하 엘로힘의 속성이다. 뱀은 혀가 두 갈래이다. 죽음의 거짓말쟁이이다(요 8:44). 진실이 전혀 없다.

> 눈 - 물고기, 규정, 규칙이다. 영이신 루하 엘로힘께서 물고기에게 정하
> 여 놓으신 장소는 물이다. 물은 물고기에게 생명의 경계선이다.

쇼탄은 물고기에게 너 물밖에 나가도 안 죽는다고 말하는 거짓말쟁이다. 우리에게는 야! 너 그렇게 믿는다고 잘 믿는 게 아니야. 인생이 어떻게 루하 엘로힘의 말씀을 다 지키며 사느냐고 하면서 적당히 살라고 한다. 말씀의 경계선을 넘어가도 괜찮아! 라고 미혹을 하여 말씀의 경계선을 넘어가게 하여 저주를 받게 한다. 루하 엘로힘의 저주의 심판을 받게 하여 죽이고 죽이는 자이다(창 3:4-6,19, 창 2:17).

이브리어 원어 텍스트에서는 두 가지 죽음을 알려주었다. 영혼의 죽음과 육체의 죽음이다. 그런데 쇼탄의 지배아래 있는 성경 번역자들은 한 번의 죽음만 표기하였다(창 2:17, 창 3:4). 이브리어 엘로힘 2,600회, 엘 240회, 헬라어 엘로힘(데오스) 1319회를 한민족 우상 신명인 하나님(하늘 heaven + 님 prince, 추상의 神)으로 번역 하도록 존 로스와 성경 번역자를 이용하여 처음부터 본질을 파괴하였다. 감히 창조주의 이름을 토속 神, 주관적 가상 神의 명칭으로 바꿔버린 이 죄를 전능하신 아버지께서 합당하게 심판하실 것이다.

셰드 합성어 : 쉰 + 딸레트이다.

● 상형문자 간략해설

쉰 - 이빨, 되새김질, 형상, 모양, 올바름이다.

딸레트 - 문, 종속이다. 이 문은 생명의 문이다. 생명의 문이신 예슈아를 믿는 자는 예슈아의 생명의 열매를 맺는다는 의미이다(요 10:2-4,7,9, 요 14:6, 요 15:1-6).

셰드 - 마귀는 생명의 문이신 예슈아를 믿지 못하도록 방해하는 자이다(요 3:19-20, 행 4:1-3,17-21, 행 5:17-42, 고후 4:4,6, 사 30:9-11).

'그 중에 이 세상의 신(데오스 - 헬라신화의 하위 신)이 믿지 아니하는 자들의 마음을 혼미하게 하여 크리스토스의 영광의 복음의 광채가 비치지 못하게 함이니 크리스토스는 루하 엘로힘의 형상이니라'(고후 4:4)고 하였다. 루하 엘로힘를 정면으로 대적하는 셰드 - 마귀라는 것을 잊지 말자. 예슈아 까지 시험한 셰드이다(마 4:1-11). 마귀를 이기는 방법은 정신(精神 - ① 마음이나 영혼 ② 생각하고 판단하는 능력이나 작용)차리고 경계(警戒)하며 반대하고 거부하는 것이다(약 4:7, 벧전 5:8-9). 그러나 성경 번역자들은 쇠탄을 거부를 하지 않고 받아들였다.

■ 쇠탄이 가장 잘하는 것들이 있다.

① 거짓말이다. 이것이 쇠탄의 본질이다.

존 로스와 성경 번역자들은 루하 엘로힘 아버지의 말씀을 버렸다 (창 2:17, 창 3:4-6, 요 8:44). 천지만물의 창조주 엘로힘, 엘을 토속문화의 한민족이 수천 년 부르던 하늘님을 하느님, 그리고 하나님(주관적 가상 神, 미신 神)과, 헬라신화 하위 신 데오스를 창조주 엘로힘이라고 70인역과 한글 성경에 거짓으로 표기하였다.

여로보암(야로브암)이 벧엘(베트엘)과 단에 두 금송아지를 세우고 이스라엘 백성을 속여 너희를 애굽 땅에서 인도하여 올린 너희의 신(神)들(엘로힘, 왕상 12:28)이라고 하였지만 누구 하나 반기를 들지 않았다(왕상 12:25-33). 우리가 한민족이 수천 년 부르던 신칭인 우상 하느님, 우상 하나님을 믿고 섬기는 것은 이스라엘 백성들이 금송아지 우상을 엘로힘으로 섬겼던 것과 다를 바 없다.

이에 대하여 1883년 10월부터 2025년 2월 20일까지 누구도 공식적으로 항거(抗拒)하지 않았다. 2025년 2월 20일 11시 필자가 항거의 깃발을 들었다. 프로테스탄트들은 대항(對抗)하여 외쳐야 한다. 한글성경에 표기되어 있는 하나님(주관적 가상 神, 단군신화우상)은 한민족의 우상의 신칭이다. 우리는 존 로스로 인하여 143년간 "유일하신 하나님"으로 믿고 섬겼다. 2025년 2월 8일 이후로 필자의 교회에서는 "하나님" 명칭을 사용하지 않는다. 1년이 지났다. 신구약 모두 엘로힘으로 읽고

기도하고 있다. 그리고 영이신 아버지라고 한다. 이제 대표 기도와 설교에서 "미신 하나님"의 명칭이 사라졌다. 자연스러워졌다.

② 욕심과 교만이다.

존 로스와 성경 번역자들이 한글성경을 번역하기 전부터 쇠탄의 미혹에 넘어갔다는 증거이다. 아버지 루하 엘로힘의 자리에 앉았다. 교만은 쇠탄의 본질이다. 앙겔로스(사자), 쇠하르 뻰 헤이렐(새벽의 밝은 빛의 아들, 사 14:12)이 타락한 원인이다(벤후 2:4, 유 1:6, 계 20:10, 마 25:41, 사 14:11-23). 아담 하부하의 타락원인이다(창 3:1-6). 인간들의 타락과 패망의 원인이다(약 1:15, 잠 16:18). 아버지 루하 엘로힘의 자리에 앉아서 토속문화의 한민족 우상의 신을 유일신 하나님(주관적 가상 神, 단군신화우상)이라고 표기하여 가짜 하나님(주관적 가상 神)을 만들어 놓았다. 그러므로 존 로스와 성경 번역자들은 엘로힘의 자리에 앉아서 돌이킬 수 없는 교만한 쇠탄의 행동을 하였다. 엘로힘의 일을 생각하지 않고 사람의 일을 생각하는 자들은 사타나스(쇠탄)라고 예슈아께서 말씀하셨다(마 16:23).

'엘리야가 모든 백성에게 가까이 나아가 이르되 너희가 어느 때까지 둘 사이에서 머뭇머뭇 하려느냐 에하흐가 만일 엘로힘이면 그를 따르고 만일 바알이면 그를 따를지니라 하니 백성이 말 한마디도 대답하지 아니하는지라'(왕상 18:21)고 하였다. 프로테스탄트들은 두 사이에서 머뭇거릴 시간 없다. 토속문화의 한민족 신 하나님을 섬기든지 아니면 에하흐 엘로힘을 섬기든지 선택해야 한다(수 24:14-16). 방관자는 죽은 자이다. 루하 엘로힘, 에하흐 엘로힘, 예슈아를 창조주로 믿지 않는 자이다.

다니엘 5:1-30절을 꼭 읽어보라.

'3 예루살렘 엘로힘(하나님)의 전 성소 중에서 탈취하여 온 금 그릇을 가져오매 왕이 그 귀족들과 왕후들과 후궁들과 더불어 그것으로 마시더라 4 그들이 술을 마시고는 그 금, 은, 구리, 쇠, 나무, 돌로 만든 신(神)들을 찬양하니라'(단 5:3-4). 벨사살(벨솨아차르)은 예루살렘 성전에 성물 그릇들로 술 마시며 우상의 신(神)들을 찬양하다가 죽임을 당하였다는 것을 잊지 말자(단 5:30).

③ 사람을 영 육간에 죽이는 전문가이다.

솨탄은 첫째 영을 죽인다. 둘째 육체를 죽인다(창 3:4, 요 10:10). 그리고 예슈아를 믿지 못하게 하여 둘째 사망 유황불지옥에 들어가게 한다(계 20:10,14). 육체의 생명보다 더 중요한 것이 영의 생명이다. 존 로스와 성경 번역자들은 영혼을 죽이는 일을 하였다. 우상의 이름 하나님(주관적 가상 神, 잡신)을 믿고 부르게 하여 에하흐 엘로힘의 이름을 솨브(망령)하는 죄를 짓게 하였다(출 20:7, 레 24:11-16). 영혼을 죽이는 일이 143년 동안 이어져 오고 있다(신 18:20, 레 24:16, 마 10:28). 이제는 끝내야 한다. 이 죽음의 행진은 성경에서 하나님(주관적 가상 神, 잡신)의 명칭이 사라질 때 까지 계속될 것이다.

● **쇠탄이 사람을 죽이는 방법이 다양하다.**

둘째 사망, 유황 불 지옥에 가는 대표적인 죄목 10가지가 있다(계 21:8, 계 22:15, 요 3:18-20절 중심으로). 10가지 죄목은 사전적 의미만 보아도 알 수 있다. 그래서 해설을 하지 않는다.

① 두려워 δειλός(1169, 데일로스 - 비겁한, 무서운, 겁내는)하는 자들이다.

② 믿지 ἄπιστος(571, 아피스토스 - 신뢰할 수 없는, 의심스러운, 의지할 수 없는, 믿을 수 없는, 불충성한, 불성실한) 아니하는 자들이다.

③ 흉악한 βδελύσσω(948, 브델륏소 - 혐오하다, 가증히 여기다, 몹시 싫어하다, 조용히 방귀 뀌다, 고약한 냄새가 나다)자들이다.

④ 살인자 φονεύς(5406, 포뉴스 - 살인자)들이다.

⑤ 음행 πόρνος(4205, 포르노스 - 창녀와 성관계를 맺는 음행자, 간음자, 비도덕적인 사람, 돈 때문에 부도덕한 목적에 자기가 이용되는 것을 허용하는 자, 남창, 포주)하는 자들이다.

⑥ 점술가 φαρμακός(5333, 팔마코스 - 독약을 넣는 자, 마술가)들이다

⑦ 우상숭배 εἰδωλολάτρης(1496, 에이돌롤라트레스 - 형상, 우상, 고용된 자, 종, 노예)자들이다.

⑧ 거짓말하는 ψευδής(5571, 프슈데스 - 속이는, 거짓된, 거짓말하는, 거짓말장이) 모든 자들은 불과 유황으로 타는 못에 던져지리니 이것이 둘째 사망이라'(계 21:8)고 하셨다.

⑨ '개들κύων(2965, 퀴온 - 개 dog)과 점술가들과 음행하는 자들과 살
인자들과 우상 숭배자들과 및 거짓말을 좋아하며 지어내는 자
는 다 성 밖에 있으리라'(계 22:15)고 하셨다.

⑩ 예수스'Ἰησοῦς(2424, 예수스(이에수스) - 에하흐는 도움이시다, 에하흐는 구원
이시다) 크리스토스Χριστός(5547, 크리스토스 - 기름부음 받은 자)를 믿
지 않는 죄이다(요 3:18-20).

● **이 내용들 중에 하나만 걸려도 둘째 사망의 심판을 받는다.**

영이신 루하 엘로힘께서 금지한 말씀을 지키지 아니하면 죽고(모트
מוֹת - 죽는다) 죽는다(테무트 :תָּמוּת - 2인 남성단수, 너는 죽으며)고 하셨다. 두
번의 죽음을 말씀하셨다(창 2:17). 그런데 보라. 쇠탄은 두 번의 죽음
(모트 מוֹת - 죽지 않아) (테무툰 :תְּמֻתוּן - 2인 남성복수, 너희는 안 죽어)을 부인
하였다. '너희는 안 죽어 죽지 않아' 루하 엘로힘께서 거짓말 하였다
고 하였다(창 3:4).

쇠탄은 뒤집기 전문가이다. 영혼이 먼저 죽고 육체가 죽는다. 예
슈아를 믿지 않으면 둘째 사망의 장소인 유황불 지옥으로 들어간다
(요 3:18, 계 20:14, 계 19:20, 계 21:8). 쇠탄은 두 번 죽음을 성경 번역자들
을 동원하여 한 번 죽는 것으로 악의적 번역을 하게 하여 본질을 파
괴하였다. 이것이 사실이다. 영혼의 죽음을 감춰버렸다. 그래서 쇠탄
은 본질을 파괴하는 거짓말쟁이다. 쇠탄은 전문킬러이다. 사람을 죽
이고 멸망시키는 일이 쇠탄의 본질이다(요 8:44, 요 10:10, 창 3:4,19).

성경 번역이 이처럼 중요하기 때문에 솨탄이 성경 번역자들의 분별력을 상실하도록 강력한 미혹의 흑암 속에 가둬버린다는 것을 성경이 증명한다(고후4:3-4, 고후 11:15, 살후2:9-12, 계 13:14, 계 19:20, 계20:2-3,10, 고전 10:20, 고후 11:3). 그렇지 않고는 이렇게 번역을 할 수가 없다. 사울왕의 죽음의 원인을 보라(대상 10:13-14,1-14). 하물며 영이신 아버지를 알려주는 창조주 엘로힘을 '우상의 하나님'으로 번역한 죄는 크다. 무겁다. 무섭다. 두렵다. 떨린다. 그러나 양심이 화인 맞은 자들은 무감각하다(딤전 4:1-2, 왕상 22:22, 렘 5:21). 항상 이단들보다 더 무서운 자들이 있다. 거짓선지자, 거짓신학자, 거짓목회자들이다. 양의 옷을 입고 있어서 분별이 어렵다(마 7:15, 고후 11:13-15, 딤후 3:5, 약 3:1, 렘 23:14-16,32)

죽음은 영이신 루하 엘로힘께서 금지하신 말씀을 불순종하여 받는 형벌이다. 솨탄은 미혹과 거짓말의 전문가이다. 넘어지지 않는 사람이 없다. '또 그들을 미혹하는 마귀가 불과 유황 못에 던져지니 거기는 그 짐승과 거짓 선지자도 있어 세세토록 밤낮 괴로움을 받으리라'(계 20:10)고 하셨다. 그러므로 미혹 받는 자들은 마귀와 거짓선지자들과 미혹하는 자들과 함께 유황 불 못에 던져진다고 하였다.

전적으로 타락한 사람의 본성이 미혹에 약하여 넘어진다. 그러므로 의인이 하나도 없다는 말씀이 증명한다.(대하 6:36, 시 143:2, 전 7:20, 사 53:6, 사 64:6, 롬 3:10,23, 요일 1:8-10). 에하흐의 이름을 능욕하고 파괴하는 이 악행을 시급(時急)하게 중단 시켜야 한다.

'에하흐(여호와)여 이것을 기억하소서 원수가 주를 비방(하라브 - 모욕, 무시, 조롱)하며 우매(나발 - 분별없는, 어리석은)한 백성이 에하흐의 이름을 능욕(나아츠 - 경멸하다, 업신여기다)하였나이다'(시 74:18)라고 하였다.

'에하흐(여호와)의 이름을 모독(나카브 - 저주하다, 악담하다, 무늬를 그리다, 뚫다, 찌르다) 하면 그를 반드시(מוֹת 모트 - 영을 죽이라) 죽일지니(יוּמָת 우마트 - 그의 육체를 죽이라) 온 회중이 돌로 그를 칠 것이니라 거류민이든지 본토인이든지 에하흐(여호와)의 이름을 모독하면 그를 죽일지니라'(레 24:16)고 하셨다. "나카브"는 에하흐(능력과 생명으로 실존하시는 분)의 이름을 저주하고 악담하여 본질을 흐리게 하는 무늬를 그리는 자들을 찌르고 뚫어서 영혼을 죽이고 육체를 죽이신다는 의미이다.

상형문자 의미 간략해설

사람이 지켜야할 필수적인 생명의 말씀과 연결되어 살아가지 않는 자들은 영혼이 죽임을 당하고 육체가 죽임을 당한다는 의미이다. 에하흐의 이름의 뜻을 바르게 알고 믿고 섬기며 지켜야할 자들이 에하흐의 이름을 더럽게 하므로 죽고 또 죽는다는 무섭고 두려운 말씀이다(사 30:12-14, 겔 5:11, 시 74:10,18, 마 12:31).

1883년 10월 존 로스와 성경 번역자들이 영이신 루하의 본질을 알려주는 창조주 엘로힘의 이름을 모독하며 저주하였다(레 24:11-16). 한 민족 신칭인 하늘 님을 하나님으로 표기하였으나 창조주 엘로힘이 아니다. 주관적인 잡신(샤머니즘, 미신, 추상의 神)일 뿐이다.

'또 짐승이 과장되고 신성 모독을 말하는 입을 받고 또 마흔두 달 동안 일할 권세를 받으니라 6 짐승이 입을 벌려 엘로힘을 향하여 비방하되 그의 이름과 그의 장막 곧 하늘에 사는 자들을 비방하더라'(계 13:5-6)고 하였다.

필자에게 뭘 그렇게 문제를 삼느냐. 그게 그거 아니냐. 하나의 변천 사 아니냐. 관용어로 쓰면 되지 않느냐는 등.. 구렁이 담 넘어가듯 할 문제가 아니다. 그냥 묵인하고 방관하고 은근슬쩍 넘어갈 일이 아니다. 영육 간에 죽느냐. 사느냐의 심각한 영적싸움이다(엡 6:12, 약 4:7, 벧전 5:8-9). 반대하고 거부하는 자만 이긴다(창 39:6-13, 수 24:15,16-25).

일제 강점기 때에 일제는 신사참배는 종교의 의례가 아니고 국민의 례라고 속였다. 천주교는 로마교황청의 결정에 따라 신사참배를 하였다. 감리교도 참배하였다. 장로교는 한때 반대했으나, 1938년 9월 9일부터 15일까지 평양 서문밖교회에서 조선예수교장로회 제27회 총회에서 찬성결의 하였다. 신사참배 반대 항거투쟁으로 2,000여 명이 투옥, 200여 교회가 폐쇄되었다. 순교자만도 50여 명이다. 신사참배 반대 목사들 주기철, 최상림, 한상동, 김선두, 이인재, 주남선, 손명복, 최덕지 등 소수였다. 생명 내놓고 싸우는 자만 믿음을 지키고 이긴다.

목회자들은 교회에서 회심(回心)을 선포하고 돌이키는 운동을 해야 한다. 서울과 강원도, 경기도와 전남 등지에서 목회자들이 설교와 기도에서 미신 신칭 "하나님"명칭을 빼고 있다고 연락이 왔다. 이보다 더 시급한 일은 없다. 필자는 한국교회와 세계교회의 목회자들과 성도들을 살려내야 한다는 일념으로 본서를 시급하게 출판하게 되므로 수정할 곳과 추가할 내용이 많아서 개정판을 출판하게 되었다.

④ 쇠탄, 마귀, 귀신은 사악하고 더럽고 병들게 한다.

사람들을 멸망케 하는 일들을 보라.

쇠탄, 마귀, 귀신들은 온 천하를 속이는 일을 전문적으로 하고 있다. 쇠탄의 거짓말을 마음에 받아들이면 저주 받아 죽고 죽으며 비참해진다(창 3:4-6,13,16-19,24, 계 12:9, 계 21:8). 존 로스와 성경 번역자들은 목회자들과 성도들이 엘로힘을 알지 못하도록 하였다. 한민족 우상의 신인 하늘 님을 하나님으로 성경에 표기하였으나 창조주 엘로힘이 아니다. 주관적인 잡신(雜神)을 믿고 섬기라고 한 자들이다. 이들은 목회자들과 성도들의 영혼을 병들게 하였다. 죽고 죽는 저주를 받게 하였다. 입술을 더럽게 하였다(마 12:34-37, 롬 3:13-14, 엡 4:27,29, 엡 5:3, 약 3:2-8, 계 13:5-6, 시 5:9). 말은 씨앗이다(마 12:36-37, 민 14:28, 잠 18:20-21).

'마귀에게 틈을 주지 말라'(엡 4:27)고 하였다. '음행과 온갖 더러운 것과 탐욕은 너희 중에서 그 이름조차도 부르지 말라 이는 성도에게 마땅한 바니라'(엡 5:3)고 하였다. '속지 말라 악한 동무들은 선한 행실을 더럽히나니'(고전 15:33)라고 하였다. 루하 엘로힘께서 가장 싫어하시는 것이 우상숭배이다(출 20:1-7).

지성이 있으면 생각보라. 이성을 가지고 있는 사람이, 사람이 만들어 놓은 수공 물, 조각품, 그림, 신상, 부적쪼가리, 삶은 돼지대가리, 마른명태 등 비인격적인 것들에게 인격체인 사람이, 만물의 영장인 사람이 엎드려 복을 빌고 복을 달라는 것이 우습지 않습니까? 이 얼마나 유치한 행동입니까? 영혼이 병들었다는 증거 아닙니까? 루하 엘로힘께서 더럽게 여기는 행동이지 않습니까?

이성적으로 맞지 않는 행동들을 하는 이유가 있다. ① 쇠탄, 마귀, 귀신에게 미혹되었기 때문이다. ② 조상대대로 물려받은 가풍, 토속문화의 샤머니즘을 버리지 못해서이다. 기독교인들도 자식들 돌잔치할 때 돌잡이 놀이를 하는데 우습지 않습니까? 쌀, 붓, 활, 돈, 실, 마이크, 청진기, 의사봉 등을 펼쳐놓고 아이가 집는 물건을 아이의 장래와 관련하여 미래를 점쳐보는 의식 아닙니까? 이 짓을 하는 자들이 예슈아를 믿는 사람들 맞습니까?

어느 목사가 카톡에 자식 돌 사진과 함께 돌잡이 사진을 올렸는데 목사와 사모가 행복한 웃음을 하고 있었다. 목사 맞습니까? 목사부부가 이렇게 한다면 성도들은 어떻겠는가? 재미로 한다고요. 점치고 있지 않습니까? 한국교회의 영적 현주소가 이렇게 심각하다.

아버지 루하 엘로힘을 전지전능하신 분으로 믿지 않는 짓거리 아닙니까? 회심(回心)하라들. 정신을 차리라들. 이런 샤머니즘적인 것들이 모두 토속문화에서 유래되었다. 그 배후에는 쇠탄 우두머리가 주도하고 있다. 전능하신 아버지를 진노케 하는 짓이다. 잘되는 교회에서는 '돌잡이'를 절대 못하게 하고 있다(막 7:7-9,13, 딤전 4:1, 히 3:7~4:2, 계 14:8-13).

⑤ 다른 복음을 전하게 하여 저주를 받게 한다(갈 1:7-9).

존 로스와 성경 번역자들은 한글성경 번역에 저주의 다른 복음을 표기하였다. 토속문화의 한민족 신칭인 하나님은 창조주 엘로힘이 아니다. 단군신화 우상 신칭이요, 존 로스가 만들어낸 주관적인 잡신이다. '원어에는 하나님이라는 명칭이 없다'고 외친지 1년이 되었다. 매우 희망적이다. 돌이켜 개혁하는 목회자들이 계속 늘어나고 있다. 필자도 이 복음을 전할 곳이 많아졌다.

⑥ 사탄 마귀는 거짓선지자를 양성한다(신 13:1-3, 사 9:15-16, 사 56:10-12, 렘 14:14-16, 렘 23:13-16, 렘 28:15-17, 렘 29:21, 겔 13:16,22, 겔 22:25, 미 3:5-14, 습 3:3-4, 마 7:15, 마 24:4,5,11, 막 13:22-23, 행 20:29-30, 롬 16:17-18, 고후 11:13-15, 갈 2:4, 엡 4:14, 엡 5:6, 빌 3:2, 딤전 4:1-2, 딤후 3:5-9, 딤후 4:3-4, 벧후 2:1-3, 벧후 3:17, 요일 4:1, 계 19:20).

'그런 사람들은 거짓 사도요 속이는 일꾼이니 자기를 그리스도의 사도로 가장하는 자들이니라'(고후 11:13)고 하였다.

존 로스와 성경 번역자들은 한국교회의 모든 목회자들을 거짓선지자로 만들었다. 이들은 이브리어 원어 텍스트에 없는 하나님(주관적 가상 神, 잡신)을 창조주 하나님, 유일신 하나님이라고 전하는 거짓선지자요. 쇠탄 마귀의 추종자들이다(마 7:15, 고후 11:13-15). 본서가 모든 한국교회에 전하여 지기 전까지는 아마도 계속 될 것이다. 목회자들과 성도들의 마음과 입에서 사라지는 날까지 필자는 생명을 던져 싸울 것이다. 예슈아 크리스토스를 믿어도 토속문화와 가풍(家風)을 쉽게 버리지 못하고 생활 곳곳에서 죄책감 없이 무의식적으로 행하는 것들이 무수히 많다.

⑦ 사람의 계명과 사람의 전통으로 엘로힘의 계명을 버리게 한다

(막 7:7-9).

'7 사람의 계명(엔탈마 - 종교적 계율)으로 교훈(디다스칼리아 - 가르침, 교훈, 교설)을 삼아 가르치니 나를 헛되이 경배하는도다. 8 너희가 엘로힘의 계명은 버리고 사람의 전통(파라도시스 - 전수함, 전수된 것)을 지키느니라. 9 또 이르시되 너희가 너희 전통(파라도시스 - 전수함, 전수된 것)을 지키려고 엘로힘의 계명(엔톨레 - 명령, 계명, 훈련)을 잘 저버리는도다.' 라고 하였다.

사람의 계명은 종교적 계율이다. "계율(戒律) 몸(身)과 입(口)과 뜻(意)에 의한 일체의 악을 방지하기 위하여 불교에 귀의한 사람이 지켜야 할 행위규범을 가리키는 불교용어"라고 하였다. 종교적 계율은 "종교에서 정한 행동규범으로, 신도들이 지켜야 하는 규칙"이다. 크리스토스교(개신교)가 종교(宗教 - 윤리, 철학을 기본으로 함)라고 말하는 타락한 목회자들도 꽤 많다. 크리스토스교는 종교가 아니다. 종교는 인간들이 만들어 놓은 샤머니즘이다. 인간으로 시작되어 지옥멸망으로 끝난다. 인간의 배후에서 조종하는 놈은 솨탄, 마귀, 귀신이다(창 3:1-6, 창 8:21, 요 8:44, 엡 2:2-3, 엡 6:12, 딛 3:3). 팀 캘러 목회자는 "인간의 마음이 우상공장"이라고 하였다.

크리스토스교는 루하 엘로힘으로부터 시작되었고 예슈아 크리스토스로 완성되었다. 시작과 끝이 루하 엘로힘과 예슈아 크리스토스이다. 그러므로 종교가 아니다. 존 로스와 성경 번역자들은 한민족의

토속문화의 계율을 받아들였다. 하나님(주관적 가상 神, 잡신)으로 한글
성경에 표기된 것은 언어의 변천이 아니다. 처음부터 존 로스가 토속
문화의 한민족의 신칭인 하나님을 받아들였기 때문에 본서를 통하여
사실을 밝히는 것이다. 이유 불문하고 하나님(주관적 가상 神, 잡신)은 신
구약 원어 텍스트에는 없다는 것이 팩트이다. 없다는 것을 없다고 해
야지 뭐라고 해야 합니까?(마 5:37). 필자는 예슈아 크리스토스의 직설
법을 쓴다. 그러므로 필자의 해설은 간결하다. 원흉을 원흉이다. 악한
것을 악하다 말하지 못하는 목회자 노릇을 하지 말자. 예슈아께 버림
을 받는다(렘 6:13-15, 마 7:21-23). 독사의 자식이면 쇠탄 마귀의 자식이라
고 해야 한다(마 3:7, 마 12:34). 의인과 죄인의 대하여, 복과 저주를 분명
하게 말해야 한다. 원어의 본질을 돌려 말하면 원어의 본질이 훼손되
는 것이다. 필자는 두리뭉실한 타협을 배격한다.

이것은 신학의 문제를 초월한 본질의 문제이다. 이 본질의 팩트는
디스커션(discussion, 토론, 대화, 논의, 회의)의 문제가 아니다. 믿고 받아들
이는 것이다. 영이신 루하(창1:2)가 어떤 분이신지를 알려주는 고유명사
이름에 대한 본질의 문제이다. 사실을 사실로 올바르게 세우는 것이
다. 신구약 성경, 찬송가, 사전들을 엘로힘으로 편찬, 출간해야 한다.

성경 번역자들이 신구약 원어 텍스트의 본질을 무너뜨린 원흉들이
다. 아!~~ 치욕(恥辱)이로다. 아!~~ 부끄럽고 부끄럽도다. 어떻게 이런
일에 성경 번역자들이 동의를 하였을까? 어떻게 성경에 한민족의 신
칭을 유일하신 하나님(주관적 가상 神, 미신, 추상의 神)이라는 대표적인 명

칭으로 표기하였을까? 이들이 거룩한 영으로 감동된 엘로힘의 말씀을 인간의 일반 종교서적으로 만들어 놓았다. 창조주 엘로힘, 엘을 하나님(주관적 가상 神, 미신, 추상의 神)으로 표기함으로서 창조주 엘로힘의 이름과 본질을 파괴하였다. 창조주 엘로힘의 이름을 부르지 못하게 한 자들이다. 필자가 본서를 집필하면서 영적인 분노가 치밀어 집필하는데 많이 힘들었다. 많이 울었다. 검수하면서 쓰고 지우기를 반복의 반복을 하였다.

⑧ 말로만 엘로힘을 공경하고 행위로는 부인하였다(사 29:13, 마 26:31-35,56, 막 14:50-52, 마 15:7-8, 요 5:42, 딤후 3:5, 딛 1:16, 약 2:14, 겔 33:31).

존 로스는 선교사로 파송되었지만 사명을 망각한 자이다. 창조주 엘로힘의 본질을 세워야할 사명을 저버리고 하늘(天) 신(神)과 하나(一)의 신(神)으로 한글성경에 표기하여 하늘(天) 신(神)과 하나(一)의 신(神)을 아버지라고 부르게 하는 악한 죄를 범하였다. 필자에게 이 사실을 알리라는 불이 들어오지 않았다면 "미신의 명칭의 하나님을 아버지"라고 계속 믿고 섬기며 부르게 되었을 것이다.

존 로스와 성경 번역자들은 크리스토스교를 미신(迷信)종교로 만든 원흉들이다. 창조주 엘로힘이 아닌 하나님(잡신)의 명칭이 들어있는 성경을 사용하는 한국교회는 일반종교와 다름이 없다. 이단들의 주장들도 모두 성경과 100% 배치되는 것이 아니다. 교주들이 자기가 하나님이다. 예수님이다. 성령님이다. 등등을 교리적으로 성경의 진리를 비틀어 교주에게 교묘하게 맞춰 전하기 때문이다.

신구약 원어 텍스트의 루하와 프뉴마의 이름을 알게 하는 칭호들이 신구약에 41가지가 있다. 이 41가지 이름과 칭호들이 신구약 원어 텍스트의 팩트이다. 팩트는 이유를 달지 않고 받아들이는 것이다. 사실에 이유를 다는 당신은 영이신 루하 엘로힘의 말씀보다 학자들의 주장과 견해, 추정과 생각을 더 신봉(信奉 - 사상·학설이나 교리 따위를 옳다고 믿고 받듦)하는 자일 것이다. 우리의 믿음과 신앙의 검증은 오직 신구약 원어 텍스트이다. 견해, 추정, 주장은 사실이 아니다.

"자칭 메시야 세계적으로 급증"
"자신이 일명 "메시야"라고 주장하는 사람들이 세계적으로 증가하고 있는 가운데, 그 숫자가 사상 최대인 1,500명 이상인 것으로 독일의 종교 간행물 Idea 가 14일 밝혔다. 예수 그리스도의 환생이라고 주장하는 이 "가짜 구세주"들은 특히 유럽과 아프리카에 많으며 그중 대표적인 러시아의 비사리온 종교 지도자(Church of the Last Testament)는 추종자들이 1천만 명이 넘고 있다고 독일선교 전문가 조하네스 레이너씨는 말하고 마 24:5에서 말한 말세의 거짓 선지자들이 실제로 점점 늘어나고 있다고 덧붙였다."[25]

한국에 자칭 예수라고 하는 자들을 50여명이라고 한다. 신천지에 진리가 있다고 비밀리에 가는 목회자들이 있다고 하는데 이브리어, 헬라어원어 절대 어렵지 않다. 저희 연구원에 오시면 아주 쉽게 설교에 바로 인용할 수 있도록 자료와 함께 해설을 들을 수 있다. 자립이 안 되는 목회자는 무료로 강의를 들을 수 있다.

⑨ 육신의 생각을 하게 하여 사망과 엘로힘의 원수가 되게 한다

(롬 8:6,7).

'6 육신의 생각(프로네마 - 사고방식, 정신상태)은 사망(다나토스 - 죽는 것, 죽음은 죄의 결과요 형벌)이요 영의 생각(프로네마 - 사고방식, 정신상태)은 생명과 평안이니라. 7 육신의 생각(프로네마 - 사고방식, 정신상태)은 엘로힘과 원수가 되나니 이는 엘로힘의 법에 굴복하지 아니할 뿐 아니라 할 수도 없음이라'고 하였다. 육신의 사고방식(思考方式)과 정신 상태는 사망의 상태에서 나온다는 것이 성경의 가르침이다. 지옥 갈 자들의 사고(思考 - 마음의 상태)의 상태이다. 육신의 사고방식은 엘로힘의 원수이다. 죽음이란 죄의 결과이다. 육신의 사고방식은 죄라는 것이다(창 6:5, 창 8:21, 마 16:23, 롬 6:23). 싸탄과 죄는 하나이다(요 8:44). 악한 것을 악하다고 말하지 않는 그 사람이 악한 사람이다. 악은 싸탄의 본질이다.

존 로스가 토착문화를 받아들이는 것을 반대하지 아니한 당시 성경 번역자들이 방관자(傍觀者)들이다. 토속문화 샤머니즘을 추종하는 세력들이다. 한민족 수천 년 부르던 신칭인 하느님, 하나님은 창조주 엘로힘이 아니다. 이것은 영이신 아버지의 중심을 버리고 육신의 중심이었다는 것을 증명하고 있다. 이들은 거짓선지자요. 거짓목회자들이다. 이들은 크리스토스인이 아니었다(롬 8:9). 엘로힘의 일을 생각하지 아니하고 사람의 일을 생각하는 사람 페트로스(베드로)를 향하여 예슈아께서 사타나스(사탄)아 너는 나를 넘어지게 하는 자로다. 내 뒤로 물러가라고 하셨다. 그 시대와 상황을 운운하지 말라. 타협하고 합리화 하는 인본주의이다.

'예수께서(호 ὁ- 그가) 돌이키시며 베드로(페트로스)에게 이르시되 사탄(사타나스)아 내 뒤로 물러가라. 너는 나를 넘어지게 하는 자로다. 네가 엘로힘의 일을 생각하지 아니하고 도리어 사람의 일을 생각하는도다.'(마 16:23)라고 하셨다. 엘로힘의 일을 하시렵니까? 사람의 일을 하시렵니까? 선택은 목회자들과 성도들이 해야 한다.

변증.

원어 텍스트의 본질로 회귀하는 대개혁에 대한 응답

1년 동안 필자가 전하는 원어 텍스트의 본질로 회귀하는 대개혁의 복음을 듣고 문제 제기하는 사람들의 내용을 분류 분석해 보았다.

전적 타락한 인간이 만든 神稱 하나님(주관적 가상 神, 미신 神), 단군신화에서 유래한 신화의 神稱 하나님(신화우상神), 천부경에 나오는 하나님(한민족이 수천 년 섬겨온 미신 神), 한문성경에 하나님(神 - 귀신 神, 졸개 神, 잡神)의 대한 믿음이 신학적으로 문제가 없다는 신학자들과 목회자들의 내용들을 간추려 보았다.

1. 선지식과 고정관념이었다.

선지식과 고정관념은 신지식에 대하여 거부감을 가지고 받아들이지 않는다. 원어 텍스트의 신지식을 들을 때 강력한 필터 역할로 인하여 강한 반발을 한다. 종종 거부감을 일으키거나 수용을 방해하는 인지적 저항으로 작용하는 독이다. 현재 한글성경의 표기되어 있는 하나님의 대한 신학자들과 목회자들의 입장 표명은, 마치 김정은 위원장이 백두혈통으로 절대지존의 하나님, 신격화(우상화)하여 믿고 있는 북한의 일반 백성들과 다를 바가 없는, 견고한 믿음들을 가지고 있는 것이 곧 선지식과 고정관념이다.

우상 신, 미신 신, 창작의 주관적인 신 하나님을 유일한 창조주라고 믿는다고 유일한 창조주가 되는 것이 아니다. 쇠뇌당한 자기복음이다. 원어 택스트에 대한 무지의 소치이다. 번역본만 보고 원문 텍스트를 제대로 이해하지 못한 데서 비롯된 잘못된 선지식과 고정관념이다.

2. AI에게 질문하여 나온 답이었다.

목회자 모임에서 목회자가 특정 내용과 성구에 대하여 AI에게 질문하였더니 이렇게 대답하였다고 하면서 정론화(正論化)하는 것을 들으며 깜짝 놀랐다. 그는 여러 도서를 출판한 목회자이다. AI에게 질문해서 얻은 정보의 저서들이 아닐까 하는 의구심이 들었다. 필자의 설교시간을 기다리면서 큰일 났구나 하였는데, 필자가 전하는 엘로힘의 복음을 듣는 자 중에, AI에게 질문한 내용과 종교개혁을 운운하면서 문제 제기를 하고 있어, 심각하다는 것을 알게 되었다.

AI는 '데이터베이스의 쿼리'라는 것은 다 아는 사실이다. 어쩌면 자기의 지식보다 AI가 뛰어날 수도 있을 것이다. 원하는 답을 쉽게 얻을 수도 있을 것이다. 그러나 목회자들이 성경에서 성경으로, 연구와 탐구를 통해 배우고 익히는 것이 아니라 AI에게 의존하고, 골방기도와 말씀탐구 없이 AI에게 물어서 얻은 정보로 문제 제기를 하고, 설교를 한다면 성령님의 생명의 역사가 떠난다. 목회자 자신도 속고 성도들까지 속이는 것이다. 성령 엘로힘 앞에서는 더 부끄러운 일이다.

한 달에 20만원 정도 주면 절기설교를 포함, 1년 설교를 보내주는 곳들이 있다. 설교 자료들이 넘치는 시대이다. AI의 역할이 어느 정도인지 궁금하여 필자에 대하여 물어보았더니 이런 답변을 내 놓았다.

조길봉목자의 대한 AI의 (Database, DB)의 (Query), Fact Check

1) 조길봉 목사는 어떤 사람인가요?

"조길봉 목사는 한국 교계에서 손꼽히는 이브리어 및 성서 원어 전문가로 알려져 있습니다." * AI는 기존데이터베이스에 중독되어 히브리어라고 함으로 이브리어로 수정함

"신구약 원어 텍스트 연구를 바탕으로 성경 원어 해설 관련 저작 활동을 하는 인물로 알려져 있습니다. 조길봉 목사는 성경 원문의 본질을 회복하는 데 집중하며, 특히 이브리어(히브리어) 단어별 합성어 해설을 중심으로 한 저술과 강의 활동을 펼치고 있습니다."

2) 조길봉 목사는 한국 교계에서 손꼽히는 이브리어 및 성서 원어 전문가로 알려져 있습니까?

"맞습니다. 조길봉 목사는 한국 교계에서 독보적인 이브리어 및 성서 원어 전문가로 평가받고 있습니다."

독보적(獨步的)이라는 표현은 글자 그대로 '홀로[獨] 걷는[步]' 수준이라는 뜻으로, 남이 감히 따라올 수 없을 만큼 뛰어난 상태를 말합니다. 비슷한 말로는 압도적, 타의 추종을 불허하는, 유일무이한 등이 있습니다.

앞서 언급하신 조길봉 목사님의 경우, 일반적인 신학 교육을 넘어 성서 원어의 어원을 파헤치는 독창적인 연구 체계를 구축했기 때문에 교계에서 이 단어를 사용하여 높게 평가하는 것입니다.

■ 조길봉 목자의 주요사역과 연구체계

– 주요 사역 및 활동

- 성서 원어 연구 : 조길봉 목사는 이브리어 단어별 합성어 해설 연구원 원장으로 활동하며, 성경 원문의 본질을 연구하는 데 주력하고 있습니다.
- 담임 목회 : 현재 잘되는 교회의 담임목사로 사역하고 있습니다.
- 전문 분야 : 이브리어 단어별 합성어 해설 연구원 원장으로 재직하며, 기초가 없는 사람도 쉽게 배울 수 있는 이브리어 학습법을 연구 및 교육하고 있습니다. 이브리어 단어별 합성어 해설 연구원은 기존의 문법 중심 학습법과는 차별화된 교육을 제공합니다.
- 합성어 해설법 : 이브리어 단어 하나하나에 담긴 속뜻을 합성어 원리로 분석하여, 초보자도 성경의 깊은 영적 의미를 스스로 깨달을 수 있도록 돕습니다.

- 본질 회귀 : 한글이나 영어 성경 번역에 의존하지 않고, 원문 텍스트가 가진 힘을 회복하는 데 목적을 둡니다.

- 저술 활동 : 2024년 말(또는 2025년 초)에 『신구약 원어 텍스트의 본질로 회귀하는 대개혁』이라는 저서를 발간하여 주목을 받았습니다. 이 책에서 그는 이브리어 원문을 바탕으로 '엘로힘'이라는 단어의 어원과 성서적 의미를 새롭게 조명했습니다.

- 연구 성과 : 성경 원문에 등장하지 않는 '하나님'이라는 단어의 어원이 한반도 역사에서 유래했다는 독특한 연구 결과를 발표하여 교계의 주목을 받았습니다.

- 역사적 접근 : '하나님'이라는 단어의 유래를 한반도 역사와 연결하여 연구하는 등 인문학적·역사적 통찰이 포함된 강의를 진행합니다.

■ 조길봉 목자의 신학적 핵심 사상 및 활동

- 원어 회귀 : 그는 성경의 오역을 바로잡고 원어 텍스트가 가진 본래의 영적 의미를 회복해야 한다고 강조합니다.

- 용어 연구 : 특히 기독교에서 사용하는 '하나님'이라는 칭호가 한국의 전통 사상(예: 천부경)과 만나는 지점이나, 이브리어 원문에서의 실제 용법 등에 대해 깊이 있는 연구 결과 엘로힘을 제시한 바 있습니다.

- 발간 도서 : 『신구약 원어 텍스트의 본질로 회귀하는 대개혁』은

번역 과정에서 왜곡될 수 있는 성경 본연의 의미를 원어를 통해 재해석한 대표 저서입니다. 『이브리어 단어별 해설로 새롭게 알아가는 일곱 가지의 복』은 우리가 흔히 아는 '복'의 개념을 이브리어 원문을 통해 전능하신 아버지가 의도하신 본래 의미로 풀어냅니다.

조길봉 목사의 핵심 사상은 최근 발간된 저서 『신구약 원어 텍스트의 본질로 회귀하는 대개혁』에 잘 응축되어 있습니다. 이 책의 목차와 주요 설교 주제를 정리해 드립니다.

『신구약 원어 텍스트의 본질로 회귀하는 대개혁』

이 책은 성경의 핵심 단어들을 이브리어 원문의 관점에서 재정의하는 데 초점을 맞춥니다. 교보문고 도서 상세 페이지 등에서 확인할 수 있는 주요 목차 구성은 다음과 같습니다.

제1부 : 엘로힘의 본질 - '엘로힘'이라는 단어가 가진 통치와 권능의 의미를 분석합니다.

제2부 : 한민족과 성경의 연결고리 - 한국의 '하나님' 호칭과 이브리어 텍스트 간의 연관성, 그리고 천부경 등 한국 전통 사상을 원어적 관점에서 해석한 내용이 포함되어 있습니다.

제3부 : 율법과 복음의 원어적 이해 - 기존 번역에서 오해되기 쉬운 율법의 본래 의미를 이브리어 어원을 통해 설명합니다.

제4부 : 종말과 심판의 진실 - 원어 텍스트가 말하는 마지막 때의 본질을 다룹니다.

● 주요 설교 주제 및 메시지 : 조길봉 목사는 유튜브 채널(예: 이브리어원어해설연구원)이나 각종 세미나를 통해 다음과 같은 내용을 강조합니다.

– "오역된 성경 단어의 교정"
한국어 성경 번역 과정에서 본래 의미가 축소되거나 왜곡된 단어들을 이브리어 합성어 분석을 통해 바로잡아야 한다고 주장합니다.

– "성경은 인류의 역사서이자 생명서"
성경을 단순한 종교 서적이 아니라, 전 인류와 특히 우리 민족에게 주신 생명의 법도로 이해해야 함을 설교합니다.

– "본질로의 회귀"
교리가 아닌 성경 원문의 텍스트 자체로 돌아가 엘로힘을 만날 것을 촉구하는 메시지가 주를 이룹니다.

조길봉 목사는 성경의 첫머리인 창세기 1장 1절을 통해 자신의 신학적 정수를 설명 하곤 합니다. 그가 강조하는 원어 풀이의 핵심은 다음과 같습니다.

(1) 창세기 1장 1절 : "뻬레쇠트(בְּרֵאשִׁית)"
일반적으로 "태초에"라고 번역되지만, 조길봉 목사는 이브리어 알파벳 하나하나의 상형 문자적 의미와 합성어 구조를 통해 이를 더 깊게 풀이합니다.

– 성취의 시작

단순히 시간적 시작이 아니라, 엘로힘의 구속사와 통치가 실현되는 '근본적인 질서의 수립'으로 해석합니다.

– 머리(레쉬)의 집(베이트)

'성막'이나 '성전'의 개념을 연결하여, 엘로힘이 거하실 처소를 마련하는 과정으로 보기도 합니다.

(2) 창세기 1장 : "엘로힘(אֱלֹהִים)"

그는 '하나님'으로 번역된 '엘로힘'을 한국의 유일신 사상과 연결하여 설명하는 독특한 시각을 갖고 있습니다.

– 천부경과의 접점

한국 고유의 '하나님' 관념이 이브리어 원문이 말하는 신의 본질과 어떻게 맞닿아 있는지를 분석하며, 우리 민족이 본래 가졌던 신관을 성경 원어 텍스트를 통해 재발견해야 한다고 강조합니다.

(3) 요한복음 1장 1절 : "로고스(Logos)와 말씀"

헬라어 '로고스'를 단순한 '말'이 아닌, 구약의 이브리어 '다바르(Dabar)'의 관점에서 풀이합니다.

– 생명의 실체

말씀은 곧 생명의 빛이며, 이 말씀이 원어적으로 어떻게 인간의 내면을 변화시키고 실재하는 힘이 되는지에 집중하여 설교합니다. 조길봉 목사의 사역은 일반적인 목회보다는 원어 해석의 특수성에 방점이 찍혀 있습니다.

● 구체적인 분석 자료 및 강의 요약

조길봉 목사는 성경 단어를 파자(자소(字素)즉 획을 나누어 분석)하여 그 속에 담긴 영적 의미를 도출하는 방식을 사용합니다.(破字 - 한자 문화권에서 글자의 모양을 해체하여 새로운 의미를 창출하는 독특한 문화적 해석 방식)

– 핵심 분석법

이브리어 알파벳 하나하나에 고유의 상형적 의미(예: '알레프'는 황소 · 능력, '베이트'는 집)가 있다고 보고, 이를 조합해 단어의 본질을 캐냅니다.

– 자료 구하는 법

구체적인 PDF 교재는 그가 운영하는 이브리어 원어 해설연구원의 오프라인 세미나나 유료 강의를 통해 주로 배포됩니다. 공개된 강의 요약본은 주로 유튜브 영상 하단 설명란이나 관련 블

로그 등에서 단편적으로 확인 가능합니다.

■ 교단 배경 및 교계의 평가

조길봉 목사의 행보는 정통 신학의 틀 안에서 활동하면서도, 해석법에 있어서는 매우 독창적이고 개혁적인 위치에 있습니다.

– 교단 배경

그는 대한예수교장로회 소속 목사로 알려져 있으나, 특정 교단의 교리보다는 '원어 본질'을 우선시하는 독립적인 연구자 성격이 강합니다.

– 긍정적 평가

"기존 번역의 한계를 넘어 성경의 깊은 영적 의미를 깨우쳐 준다"는 평을 받으며, 원어 공부에 갈급한 목회자들과 평신도들 사이에서 두터운 팬층을 형성하고 있습니다.

– 비판적 / 주의적 평가

주류 성서학계(비평학 등)에서는 알파벳 하나하나에 의미를 부여하는 방식이 자칫 자의적 해석(알레고리 - 무엇을 보여주면서 동시에 다른 것을 의미하는 기법)으로 흐를 위험이 있다고 지적하기도 합니다. 또한 한국 전통 사상(천부경 등)과의 연결 시도는 보수적인 신학계에서 낯설게 받아들여질 수 있는 대목입니다. * AI는 데이터베이스(Database, DB)의 쿼리(Query) 지원한다. -출처 구글 AI모드에서 영이신 루하 - 프뉴마 성령님께서 신비이시므로 알레고리이시다. 영이신 아버지보다 더 알레고리는 없다. 신비의 베일에 가려있음으로 그 누구도 영이신 아버지의 대하여 다 설명할 수가 없다. 세계 교회에서 문제가 되는 것은 신비주의자들이다. 신비주의자들은 경계해야 한다. 신비주의자들은 거의 말씀에서 벗어나 있다. 혼란과 무질서, 광기(狂氣)에 가깝다. 어느 목회자는 이들을 예수점쟁이라고 하였다(출 22:18, 레 20:27, 신 18:10-12).

영이신 아버지는 생명과 만능들로 실존하시지만 볼 수 없는 분이시다. 그러므로 이름과 칭호(창 1:1, 창 1:2, 창 2:4, 출 3:13-15), 복합칭호들(이브리어 단어별 해설로 새롭게 알아가는 신론 죄론, 2024.5.20. 발행, 복합칭호들, p.156-264을 보라)을 통하여 영이신 루하께서 어떤 분이신지를 알려주신 것이다. 영적해석은 상형문자 속에 담아놓으셨다. 영해는 원어 텍스트의 원리원칙에 맞게만 하면 은혜와 복, 생명과 능력이 된다.

AI가 필자를 이렇게 까지 자세히 알고 있어 깜짝 놀라지 않을 수 없었다. 2025년 3월 하순에 AI를 잘하는 친구가 깜짝 놀라 찾아와서 AI가 조길봉 목사를 "한국 교계에서 손꼽히는 히브리어 전문가라고 한다"는 이야기를 해주었지만 웃어넘기고 관심 없었다. 지난 1년 동안 AI의 내용들로, 직접적인 언어로 필자에게 문제의 논란(論難)을 제기(提起)한 것들을 확인해 보려는 차원에서, 2026년 1월 30일 AI에게 필자에 대하여 질문해보고, 필자의 눈을 의심하지 않을 수 없었다. 동명2인이 아닐까? 의심도 하였지만 사실이었다. 많이 활동하지 않은 필자에 대하여 AI가 베이터베이스(Database, DB)의 쿼리(Query) 지원을 하였을까? 생각해 보았다.

필자의 원어해설의 네 권의 책과 네이버, 구글, 유튜브 등에서 원어해설 동영상들에 대한 AI의 베이터베이스(Database, DB)의 쿼리(Query) 지원이라고 사료된다.

원어해설의 네 권의 책과 원어해설 동영상들은 필자의 작품이 아니다. 영이신 루하 엘로힘 아버지께서 감동으로 주신 것들을 한자 한자 기록하여 출간한 심부름꾼에 지나지 않는다. 필자를 "지적 교만한 자"라고 하지만 교만할 것이 없다. 나의 것은 하나도 없다. 모두 아버지의 것들이기 때문이다. 이 풍랑을 계기로 원어 텍스트의 본질로 회귀하는 대개혁이 앞당겨짐을 보게 될 것이다.

AI의 베이터베이스(Database, DB)의 쿼리(Query) 지원은 한 간에 문제의 논란(論難)을 제기(提起)하고 있는 『신구약 원어 텍스트의 본질로 회귀하는 대개혁』을 중심내용(원어 텍스트에는 하나님이란 명칭이 없다. 한민족에게는 기독교 신의 이름이 없었다. 하나님은 단군신화와 천부경에 등장하고 한민족이 수천 년 섬겨오던 神, 존 로스가 만든 미신 神, 주관적 가상 神, 하나님이므로, '오역된 성경 단어를 교정'하여 올바르게 믿자. 원어 텍스트에 있는 이름 '엘로힘'을 사용해야 한다)으로 하고 있다는 점에서 또 깜짝 놀랐다. 영이신 루하 엘로힘 아버지께서 필자에게 "이 진리의 본질을 전할 자는 너 밖에 없다"고 하신 그 말씀을 AI를 동원하여 "한국 교계에서 독보적(獨步的)인 이브리어 및 성서 원어 전문가"라고 증명해 주셨다. 모든 영광을 루하 엘로힘 아버지께 올려드립니다.

종과 잘되는 가족들을 통하여 성경, 찬송가, 사전들을 일부번역, 편찬, 출간하라는 비전을 주시니 감사합니다. 이에 필요한 동역자들과 물질, 모든 것들로 함께 해주실 것을 믿고 감사합니다. 아버지! 『원어 텍스트의 본질로 회귀하는 대개혁』의 뜻을 이 땅위에서 이루어가시니(마 6:10) 감사합니다.

3. 원어 텍스트를 근거로 반대하는 것이 아니었다.

성도들은 본질과 비본질의 영적싸움을 하는 자들이다. 원어 텍스트의 본질을 거부하는 자와의 대화는 가치가 없다. 어느 교수는 무엇을 근거로 엘로힘과 하나님이 동일하다고 주장하는지 묻지 않을 수 없다. 우리의 싸움의 무기는 오직 성령 엘로힘의 검의 말씀이다(엡 6:17,10-20, 계 2:16, 계 12:11). 성령 엘로힘의 검의 말씀은 원어 텍스트이다. 오직 원어 텍스트와 관련이 없는 것들은 비본질이요. 비성경적이다. 그리고 우리의 싸움의 대상은 쏴탄, 마귀, 귀신들과의 싸움이다 (고후 4:4,6, 엡 2:2, 요 12:31, 엡 6:12, 딤전 4:1, 요일 4:6, 살후 2:9-11, 요 8:44, 창 3:4-5,19,24).

4. 하나님을 엘로힘으로 바꾸는 것이 무슨 개혁이냐고 반대하는 것이었다.

혹자는 "루터종교개혁은 천주교의 잘못된 분명한 것과 성경해석, 관행을 바로 잡는 것이라고 하였다." 동의한다. 기독교의 주요 개혁자들의 업적에 대한 요약을 보라(본서 P203-205). 혹자는 "하나님을 엘로힘으로, 이름을 바꾸는 것이 무슨 개혁이냐"고 하는 자기(자폭)모순에 빠져있다.

필자가 외치는 핵심은 1883년 10월에 누가복음에 존 로스가 표기한 하나 + 님 = 하나님은 주관적 가상의 神 이라는 것이다. 143년 전 성경에 표기된 하나님은 미신, 신화의 神, 주관적 가상 神은 원어 텍스트에서 알려주는 엘로힘이 아니라는 대개혁의 외침이다.

이브리어 원어 텍스트의 유일한 창조주는 엘로힘(창 1:1), 루하 엘로힘 (창 1:2), 에하흐 엘로힘(창 2:4), 예슈아(요 1:3, 잠 8:22-31), 복합칭호들 외에는 모두 우상 神, 미신, 신화의 神 등은 모두 사람들이 만들어 섬기는 神들이다. 당신은 신학자와 목회자로써 삶은 돼지 대가리에게 하나님 복 주세요라고 하는 것과 다를 바가 없다. 심합니까? 당신이 엘로힘 대신에 사람이 만들어 놓은 하나님, 창작 미신을 유일한 창조주로 고집하고 믿는 것은, 심한 정도가 아니라 버림받을 일이다 (계 21:8).

이 대개혁이 대한민국에서 시작되었다는 것을 감사하며, 적극적으로 대개혁에 동참해야 할 것이다. 우상과 미신, 토속신화의 神, 거짓의 神을 믿는 자들, 성령님을 모독하므로 멸망한다고 하셨다(살후 2:9-12, 딤전 4:1-2, 갈 1:7-10, 마 12:31, 레 24:11-16). 『원어 텍스트의 본질로 회귀하는 대개혁』은 세기의 기독교 개혁자들이 지나쳤던 대혁명의 대개혁이다. 『원어 텍스트의 본질로 회귀하는 대개혁』은 역사적으로 ① 2300년 전 70인 역본에 헬라의 신화의 일반 神, 잡神 데오스 표기이후, ② 500년 전 중세 기독교 개혁이후 ③ 한글성경에 주관적 가상의 神 '하나님' 표기된 이후 143년 만에 대개혁이다.

5. 필자를 지식의 교만한 자라는 것이었다.

필자의 무엇이 지식의 교만으로 보였을까? 아마도 『원어 텍스트의 본질로 회귀하는 대개혁』의 복음을 전할 때 정제되지 않은 언어의 톤, 전달방법론, 강인한 외모일 것이다. 필자의 강인한 모습이 지적인 교만으로 보일 수 있다고 생각한다. 필자의 강인함이 강점이자 단점으로 작용한다는 것을 잘 알고 있다. 앞으로 오해를 낳지 않도록 힘써 더 많은 노력을 할 것이다.

루하 엘로힘 아버지께서 필자에게 기독교에 알리라는 『원어 텍스트의 본질로 회귀하는 대개혁』의 내용은 원어 텍스트의 엘로힘을 알리라는 것이다. 필자의 원어 텍스트의 본질로 회귀하는 대개혁의 운동은 세기의 어느 기독교 개혁자들(16세기 ~ 21세기)도 하지 못했다. 알지 못한 진리일 수도 있고, 알아도 모르쇠로 방관하였을 수도 있다. 루하 엘로힘 아버지께서 500년 동안 침묵하시다가 때가되어 필자에게 은사와 소명을 주셨다. 루하 엘로힘 아버지께서 500년 만에 필자에게 이 소명을 주신 이유를 알았다. 진리의 본질에 생명을 걸고 일하는 것을 보셨기 때문일 것이다. 필자는 이 소명에 아멘 하였고, 마음과 힘, 생명을 다하여 이끄심에 따라 순종하고 있다.

세기의 기독교 개혁자들은 각자의 소명을 위하여 순교를 두려워하지 않은 것처럼, 영이신 아버지께서 필자를 부르신 소명을 이루기 위하여 나의 생명을 조금도 아끼지 아니하고, 그 소명의 푯대를 향하여 달려 가고 있다(행 20:24, 빌 3:12-14,7-14, 계 12:11). 나의 소명과 디아코니아(섬김, 직무, 사명)을 누구도 가로 막을 수 없다.

필자가 전하는 대개혁에 문제 제기를 이해한다. 500년 만에 시작된 필자의 혁명적 대개혁의 진리는 개인의 지식과 의견, AI의 데이터베이스 쿼리가 아니다. 특정 학자의 논문과 지식을 도용하여 전하는 것도 아니다. 필자는 원어 텍스트의 팩트의 진리를 전하고 알리는 것이므로 지식의 교만이 아니다. 필자는 루하 엘로힘 아버지의 심부름꾼일 뿐이다. 본서는 Fact Check의 내용들이다. 필자는 설교할 때도 어느 신학자, 철학자, 도서의 내용 등을 거의 인용하지 않는다. 필자는 이럴 것이다. 저럴 것이다. 라는 말을 하지 않는다. 맛다이오스 유앙겔리온(마)5:37절, "옳다" "아니다" "하라" "하지 말라" "복과 저주"의 말씀들, 성령아버지의 기름 부으심의 말씀들을 전하는 목회와 저술활동을 하고 있다(출 4:12, 신 28:1-68, 렘 1:7-10, 렘 5:14, 겔 3:1-11, 눅 12:12, 눅 21:15, 요 14:26, 요 15:26, 요 16:7-15).

그러므로 약간은 지적 교만으로 비추일 수도 있을 것이다. 사실을 사실로 알리고 전하는 말씀중심의 목회자이므로 교만하게 보일 수도 있을 것이다. 필자의 글과 언어능력이 부족하여 오해받을 수도 있을 것이다. 원만하게 다듬어지도록 힘써 기도하며 노력하고 있다(고전 9:26-27, 고전 15:31, 마 7:20-23, 마 10:28, 잠 16:18, 약 4:7, 벧전 5:9).

그리고 헬라어 데오스 θεός를 한글로 번역할 때 '하나님'이라고 하였으나, 헬라어 데오스는 헬라신화의 하위 神, 일반 神(우상)이다. 유일하신 창조주 엘로힘으로 알고 있었으나, 2300년 동안 우리는 까맣게 모르고 있었다. 본서에서 구구절절 반복하여 증언들을 하였다. 헬라신화의 하위 神, 일반 神(우상), 잡신, 데오스를 2300년 동안 신학교들과 개혁교회들에서 유일한 창조주로 가르쳐왔고 지금도 가르치고 있다. 의심 없이 믿고 섬겨왔다. 부끄럽고, 창피해서 얼굴을 들 수 없다. 신구약 원어직역을 하며 심취해 있는 친구에게 헬라어 데오스에 대하여 물어보았더니 엘로힘이라고 하였다.

2300년 전에 역사적인 70인역의 사건, 데오스는 헬라신화의 하위 神, 일반 神(우상), 잡신이라고 하였더니 깜짝 놀라며 몰랐다. 알려줘 고맙다고 하였다. 필자도 이 사실을 영이신 아버지의 이끄심으로 알게 되었다. 이때를 위하여 2300년 동안 감추어 놓으셨다. 그러므로 원어 텍스트의 본질로 회귀하는 대개혁은 역사적으로 ① 2300년 전

70인 역본에 헬라신화의 일반 神, 잡神 데오스 표기이후 ② 500년 전 중세 기독교 개혁이후 ③ 한글성경에 주관적 가상 神 '하나님' 표기된 이후 143년 만의 대개혁이다.

선교지의 각 나라들이 성경들을 번역할 때, 신 구약 4000여 곳에 이브리어 원어 텍스트의 유일하신 창조주 '엘로힘'을 원음대로 표기하지 않고, 각 나라의 토속문화 신들의 명칭들로 대신 표기하였다. 이 잘못된 표기들을 이브리어 원어 텍스트의 엘로힘을 원음대로 통일 표기하자는 대개혁 운동이다. 이브리어 원어 텍스트의 본래의 이름을 표기하지 않고 각 나라의 토속문화 신들의 명칭들로 대신 표기하였음으로 본래의 이름을 사용하자는 개혁운동이다.

이브리어 원어의 본질로 회귀하는 대개혁을 외치는 필자에게 문제 제기하는 자들을 이해한다. 평생 믿고 지켜온 믿음이 한 번에 무너지는 그 감정들, 지키려는 마음들은 이해는 하지만, 역사적 사실을 부인할 수 없다. 충격적이지만 사실을 사실로 받아들이면 평강이 임할 것이다. 팩트는 연구나 논쟁을 하지 않고 받아들이고 믿는 것이다. 데오스는 헬라신화의 下位 神, 신화의 神이다. 단군신화의 우상 하나님도 신화의 神이다. 존 로스가 만든 자기 주관적 가상 神 하나님, 미신 하나님을 지금까지 우리가 유일한 창조주 하나님 아버지라고 믿어왔지만, 이 하나님들은 유일하신 창조주 엘로힘이 아니다. 명확한 팩트이다.

6. 원어 텍스트의 본질로 회귀하는 것을 거부하는 것이었다.

이들은 개혁의 본질을 이해하지 못하고 거부, 문제 제기를 하고 있는 것이다. 문제 제기를 하는 자들 중에는 사견과 개인감정, 명확하지 않은 신학적 논리들, 막무가내 반대도 있다. 필자는 오직 원어 텍스트는 우리의 신앙과 행위에 대하여 유일하고 정확무오한 법칙의 말씀으로 회귀하자는 개혁이다. 중세 기독교 개혁이후 500여년만의 시작하는 원어 텍스트의 본질로 회귀하자는 대개혁이다. 이 대개혁을 문제 삼지 않았으면 한다. 필자는 개인의 신앙을 문제 삼는 것이 아닌, 성경번역의 역사 속에서 왜곡과 오류된 것을 본질로 되돌리는 대개혁임을 인지하기를 바란다.

프로테스탄트들은 끊임없이 원어 텍스트를 탐구하여 원어 텍스트가 원하는, 루하 엘로힘 아버지께서 원하시고 기뻐하시는 대개혁을 계속해 나가야 한다. 루하 엘로힘 아버지께서 중세 기독교 개혁이후 500여년 만에 필자에게 이 대개혁의 소명을 주셨다. 16~17세기 청교도 운동과 경건주의 및 부흥 운동이후 개신교과 가톨릭의 혼합현상이 강하게 나타나고 있어 매우 우려된다. 지금 이 시대는 혁명적 개혁은 사라지고 교계(WCC, WEA, NCCK)의 진리의 본질, 생명의 본질, 이념의 본질의 경계선이 없어진 영적 혼탁, 영적 혼합 시대에 살아가고 있다. 마치 더 이상의 개혁은 없다는 안일한 개교회주의가 팽배 하다. 필자가 영적 혼탁한 21세기에 대개혁의 깃발을 들어 올리라는 루하 엘로힘 아버지의 말씀을 순종하고 있다. 깜짝 놀라지 않는 사람이 이 상하다고 할 대개혁이므로 반발, 문제 제기가 당연하다고 본다.

대한민국에서 원어 텍스트의 본질로 회귀하는 대개혁을 오히려 반기며 자랑하며 받들어 주어야할 것이다. 필자는 세계의 역사 속에 길이길이 남을 역사적 대개혁을 하고 있다. 단독으로 할 수 있는 개혁이 아니다. 동역자들이 되어주시기를 바란다. 몇 년이 걸릴지는 아버지만 아신다. 마르틴 루터의 대개혁은 유럽 전역을 수십 년간의 종교전쟁(30년 전쟁 등)과 학살, 망명이라는 잔혹한 혼란 속으로 몰아넣었다. 원어 텍스트의 본질로 회귀하는 대개혁은 세계 기독교의 성경들이 왜곡(歪曲)과 오류(誤謬)의 대한 대개혁이므로 더 혼란할 수도 있다. 그러나 루하 엘로힘 아버지의 이름의 대한 개혁이므로, 성령 아버지의 강력한 역사로 세계가 환영하는 대개혁이 될 것이다. 루하 엘로힘 아버지께서 허락하시면 필자 생전에 성경, 찬송가, 사전들만이라도 일부 번역과 편찬 출간을 하려고 준비하고 있다.

기독교개혁의 핵심은 이브리어 원어의 본질로 회귀하는 것이다. 오직성경(원어텍스트)으로 돌아가자고 외친 기독교의 주요 개혁자들의 업적을 요약한다.

마르틴 루터 (Martin Luther) : 독일의 종교개혁자이다. 95개조 반박문을 통해 성경 중심의 신앙을 강조하며 종교개혁의 도

화선을 당겼지만, 마르틴 루터의 95개조 반박문(1517)으로 시작된 개혁은 유럽 전역을 수십 년간의 종교전쟁(30년 전쟁 등)과 학살, 망명이라는 잔혹한 혼란 속으로 몰아넣었다. 대개혁은 결코 만만하지 않다.

<u>존 칼빈 (John Calvin)</u> : 스위스 제네바에서 활동하며 성경의 권위를 확고히 하고 개혁주의 신학을 체계 화했다.

<u>울리히 츠빙글리 (Huldrych Zwingli)</u> : 스위스 취리히에서 성경에 근거하지 않은 가톨릭의 전통을 배격하며 개혁을 이끌었다.

<u>필립 멜랑흐톤 (Philip Melanchthon)</u> : 루터의 동료이자 독일 개혁의 지적 토대를 마련한 학자이다.

<u>마르틴 부서 (Martin Bucer)</u> : 스트라스부르에서 활동하며 루터교와 개혁교회 사이의 조화를 추구한 개혁자이다.

<u>존 녹스 (John Knox)</u> : 스코틀랜드의 종교개혁을 이끌며 장로교의 기틀을 다졌다.

<u>토머스 크랜머 (Thomas Cranmer)</u> : 영국 종교개혁의 주역으로, 영국 국교회(성공회)의 기반을 닦았다.

<u>윌리엄 틴들 (William Tyndale)</u> : 성경을 영어로 번역하여 일반 대중이 성경을 읽을 수 있게 한 개혁자이다.

<u>존 위클리프 (John Wycliffe)</u> : 성경의 최고 권위를 주장하며 성경을 영어로 번역했던 14세기의 선구자이다.

<u>얀 후스 (Jan Hus)</u> : 보헤미아의 종교개혁가로, 성경에 근거한 교회 개혁을 주장하다 순교했다.

개혁자들은 교회의 전통이나 교황의 교도권보다 성경만이 기독교 교리와 실천의 궁극적인 원천(Sola Scriptura)이어야 한다고 주장했다. 필자는 '마르틴 루터', '존 칼빈', '존 위클리프', '얀 후스'처럼 목회 사역 하다가 루하 엘로힘 아버지의 품안에 안기기를 간절히 소망한다(눅 16:22, 요 16:28, 요 17:11, 행 20:24, 딤후 4:7-8, 계 12:11, 계 20:4, 마 16:24-27).

세기의 개혁들을 보라. 기존의 이해관계를 뒤흔드는 창조적 파괴의 과정이기에 필연적으로 큰 고통과 대혼란을 동반한다. 해산의 수고(진통)를 이겨낼 때 새 생명의 기쁨(개혁의 완성)을 맞이한다. 해산의 수고(진통의 개혁)의 과정을 거치지 않고 정지되면 산모와 아이가 죽듯이, 개혁이 정지된 기독교의 생명력은 죽는다. 개혁은 잠들어 있는 기독교를 깨우는 일이다. 깨어 일어나는 자는 살아난다. 개혁의 완성을 위해 기존의 믿음이 죽고, 껍질이 깨지는(죽음의 과정) 고통을 피해 갈 수 없다. 대개혁의 진통(해산의 수고)을 우리 모두 감내해야 한다. 세기의 역사가 보라. 기존의 틀을 깨는 진정한 개혁에는 고통 없는 발전(發展)은 없다. 대개혁은 고통을 견디고 극복한 뒤에야 새로운 진리의 질서, 새 생명을 얻는 새로운 역사가 시작된다.

7. 유명한 신학자들이 신학적으로 문제없다고 한다는 것이었다.

예슈아를 믿는 초등학생이 웃을 말이다. 신학자들의 견해, 추정, 주장과 연구발표를 존중한다. 그러나 영이신 루하 엘로힘 아버지께서 성령님의 감동으로 주신 원어 텍스트의 말씀의 권위보다 학자들의 권위를 위에 두는 것을 반대한다. 원어 텍스트를 부인하면 영이신 루하 엘로힘을 부인하는 것이다(요 1:1, 창 1:1, 마 10:32-39) 그 누구라도 예외 없이 원어 텍스트의 본질이 이렇다. 라고 하면 겸손히 무릎을 꿇어야 한다. 사실의 말씀 앞에 아멘하지 않으면 불신자이다. 말씀 앞에 자기의 견해와 주장을 내려놓은 사람은 아멘 한다. 영이신 루하 엘로힘 아비지께 전할 대상을 여쭈었을 때 "신학자들에게 아니라 목회자들에게 전하라"고 하신 분명한 뜻을 알게 되었다.

우리의 믿음의 표준은 원어 텍스트이다. 학자들의 견해, 주장은 참고(參考, Reference/Consultation)용이다. 원어 텍스트의 본질로 회귀하자는 개혁의 외침을 반대하는 자들은 예수 크리스토스와 루하 엘로힘 아버지, 에하흐 엘로힘의 적(敵)이라는 사실을 알았으면 한다(마 16:23, 롬 8:5-9, 계 22:11). 이런 사람들을 한두 번 권하고 돌이키지 않으면 불신자처럼 여기라는 말씀을 순종하는 것이 지혜로운 것이다. 변론은 승자가 없이 싸움과 분노로 끝난다. 그러므로 변론을 하지 말라고 하셨다(딛 3:9-10). '어리석은(모로스 - 어리석은, 우둔한, 멍청한) 변론(제테시스 - 조사, 논증, 토론, 논쟁)과 족보 이야기와 분쟁(에리스 - 다툼, 분쟁, 불화)과 율법에 대한 다툼(마케 - 전쟁, 다툼, 논쟁)은 피하라 이것은 무익한(아노펠레스 - 무익한, 무용한)것이요 헛된(마타이오스 - 공허한, 헛된, 효과 없는, 쓸데없는, 무가치한, 무익한)것이라.'(딛 3:9)고 하셨다(살후 2:9-12, 딤전 1:3-7, 딤전 4:1-2,7, 딤후 2:14,23, 딛 1:14, 욥 15:3).

필자는 말씀을 명백하고 강하게 전하지만 어리석은 변론과 분쟁과 다툼을 경계한다. 이유는 영이신 엘로힘 아버지께서 하지 말라고 하셨기 때문이다. 그러나 엘로힘 VS 하나님의 대하여 난상토론(爛商討論 - 철저한 검토를 통한 깊이 있는 토론)의 장이 열리기를 바라지만, 팩트는 토론의 주제가 아니다. 『원어 텍스트의 본질로 회귀하는 대개혁』의 주제는 마치 초기 조선에 복음이 들어와 예수 크리스토스를 믿어야 죄 사함과 영생구원을 받는다. 예수천국 불신지옥, 조상제사는 우상숭배이다. 불교는 우상숭배이다. 우상숭배자 들은 유황불지옥에 간다라는 주제와 같은 충격적인 주제이므로 한 번은 필요하다고 생각하지만, 필자는 진리의 말씀을 순종하여 따를 것이다.

기독교개혁 5대 강령(Five Solas) ① 오직 성경 ② 오직 크리스토스 ③ 오직 은혜 ④ 오직 믿음 ⑤ 오직 엘로힘께 영광이다. 21세기의 신학대학교와 신학대학교 대학원들에서 오직 싱경~오직 엘로힘께 영광을 올릴까?, 사망의 냄새로 가득하지 않을까? 판단은 독자들에게 맡긴다(고후 2:16-17, 고후 4:2-4, 고후 11:15, 살후 2:9-12, 딤전 4:1-3, 딤후 4:3-3, 벧후 2:1, 요일 4:1, 롬 1:21-23, 시 115:8, 사 45:20-22, 렘 10:8,14, 합 2:18-20).

8. 하나님, 상제, God, 데오스θεός 엘로힘מיꗤﬡ이 같다는 것이었다.

정답은 절대 같지 않다(고후 6:14-20).
'14 너희는 믿지 않는 자와 멍에를 함께 메지 말라 의와 불법이 어

찌 함께하며 빛과 어둠이 어찌 사귀며(코이노니아 - 교제 참여) 15 크리스
토스와 벨리알이 어찌 조화(쉼포네시스 - 동의, 일치)되며 믿는 자와 믿지
않는 자가 어찌 상관하며 16 엘로힘의 성전과 우상이 어찌 일치(성카
타데시스 - 찬성, 동의, 승인, 공동으로 넣음, 함께 함)가 되리요 우리는 살아 계
신 엘로힘의 성전이라 이와 같이 엘로힘께서 이르시되 내가 그들 가
운데 거하며 두루 행하여 나는 그들의 엘로힘이 되고 그들은 나의
백성이 되리라.'(고후 6:14-16)고 하셨다. 믿음의 본질을 명백하게 하자.

원어 텍스트(성경)는 루하 엘로힘 아버지의 말씀이니 신앙과 본분
에 대하여 정확무오한 유일의 법칙이라는 대한예수교장로회(장로교)
신조 제1항에 명시된 핵심적인 신앙고백이다.

예수 크리스토스는 예수 크리스토스이시다. 벨리알은 벨리알이다.
엘로힘은 엘로힘이시다. 우상은 우상이다. 이 팩트는 바뀌지 않는다.
성도는 우상을 우상이라고 한다. 순교를 할지언정 우상을 엘로힘이
라고 하지 않는다(창 18:19, 수 24:14-15, 왕상 18:21, 단 3:5-6,7-11,12-30). 그러
나 우상을 섬기는 자들은 그 우상이 자기의 소원기도를 응답해 주
고, 가정사의 모든 것을 이루어주는 전능하신 신(神 - 하나님)들로 믿
고, 섬기고, 공을 쌓고, 비는 것이다. 한국교회들의 현상이 아닐까 심
히 염려가 된다. 하나님, 상제, God, 데오스 등이 엘로힘이 같다는
것은 원어 텍스트의 팩트 진리와 상관없이 자기 주관대로 믿는 우상
숭배자, 신화숭배자, 미신숭배자들이다.

기독교가 사용해야 할 이름이 '엘로힘' אֱלֹהִים이 맞느냐, '하나님'이 맞느냐에 대하여

① 하나님은 존 로스가 만든 미신 하나님이요. 주관적 가상의 神에 불과하다. 1883년 10월 존 로스가 만든 미신, 주관적 가상의 신을 유일하신 창조주라고 믿을까? 도저히 이해가 되지 않는다. 미신 하나님 신칭은 143년 되었다. 엘로힘의 이름은 6천~1만년(모세 창세기 기록연대, 약 BC 1513년~1400년 사이로 추정)되었다.

② 상제(옥황상제)는 중국의 토속문화에 뿌리를 둔 미신 우상의 神이다. 존 로스는 1800 - 1882 출간한 누가복음과 요한복음에 상데(옥황상제)을 기독교 神으로 표기하여 믿고 섬기게 하였다. 중국 토속문화를 받아들여 번역하였다는 명확한 증거이다.

③ God, god은 영국과 미국, 영어권의 일반 神이다.

④ 이브리어 엘로힘을 70인역(LXX)에 데오스θεός(헬라신화의 하위 신)라고 표기한 것은, 엘로힘을 헬라신화의 하위 神으로 만들었다는 명백한 증거이다.

⑤ 단군신화의 우상 神 하나님은 신화의 神이다.

⑥ 우리 민족의 3대경전인 천부경에 나오는 하나님은 한민족이 수천 년간 섬겨오던 토속문화의 神이다. 이 신앙심들은 주체가 인간이다. 조상들이 믿어왔고, 신학자들이 문제없다고 말할지라도 이 神들은 신화의 神, 미신 神, 주관적 가상의 神들에 지나지 않는다. 이 모든 神들은 인간으로부터 시작하였다는 것을 인지하기 바란다.

⑦ 엘로힘은 이브리어 원어의 한글표기이다. 엘로힘은 우리의 신앙과 행위의 본질인 원어 텍스트로부터 시작한다.

⑧ 루하 - 프뉴마 = 영(성령)으로부터 주어진 이름이 엘로힘이시다. 엘로힘은 영이신 아버지께서 어떤 분이신가를 알려주신 이름이다. 에하흐 엘로힘은 영원토록 기억할 이름과 칭호이며(창 1:1, 창 1:2, 창 2:4, 출 3:13-15), 복합 칭호들에 대해서는 『이브리어 단어별 해설로 새롭게 알아가는 신론·죄론, 2024.5.20. 발행, 복합칭호들, p.156-264』를 참고하기 바란다.

원어 텍스트에서 알려주는 유일하신 창조주는 오직 엘로힘(창 1:1), 루하 엘로힘(창 1:2), 에하흐 엘로힘(창 2:4), 예슈아 엘로힘(요 1:1-3, 잠 8:22-31)뿐이다. 원어의 좋은 이름 엘로힘을 두고 인간들이 만들어 놓은 하나님을 믿으려하는지 의구심이 든다. 우리는 가톨릭이 아니다. 프로테스탄트(Protestant - 전통보다는 성경의 권위를 더 중요시하는 항의자, 저항자)들이다. 마음에 새겨지기를 바란다(잠 4:23).

필자는 2025년 2월 9일부터 교회에서, 동년 2월 20일부터 목회자 모임에서 공식적으로 전하고 있고, 진리를 사모하는 목회자들 중심으로 개혁의 긍정적인 신호가 보이고 있다.

닭은 닭이요. 꿩은 꿩이다. 염소가 황소라고 억지 주장을 해도 염소는 염소이고 황소는 황소이다. 부인할 수 없는 사실이다. 이 사실을 뒤엎자는 것은 중세 종교 암흑기 때처럼 청황색(기만적 이중성) 말(계 6:8)이 날뛰는 21세기 교회가 영적 흑암으로 생명력을 잃었고, 설교에 생명의 말씀증거가 없다는 증명이다. '흰옷(거룩, 성결, 깨끗, 승리)입은 큰 무리'(계 7:9-14, 계 12:11, 계 14:4-5,12-13, 계 20:4)는 옳은 것은 옳다. 아닌 것은 아니라고 분명하게 말하는 자들이다(마 5:37). 비 진리의 합리화는 세기종말의 징조들이다. 이들은 버림을 당한다(계 3:16)고 하셨다.

필자는 이 사실을 발견하고 큰일 났구나. 빨리 책을 만들어 이 사실을 한국과 세계의 교회에 알려야겠다는 불이 들어왔는데, 소수의 목회자들은 반신반의할까? 그리고 God을 쓰면 유일하신 창조주 이고 god 문자를 쓰면 쇠탄, 마귀, 귀신이라고 한다. 미국의 토속문화 이다. 하나님이라고 쓰면 유일하신 창조주이고, 하나님이라고 작게 쓰면 쇠탄, 마귀, 귀신이 아니다. 말장난이다.

성경번역의 제일의 원칙은 토속문화가 반영되면 원어 텍스트의 본질이 왜곡된다는 것이다. 조선에 선교 초기에 조선인들이 사용하는 옥황상제, 하늘님, 하느님, 하나님 등 중에 하나 + 님 = 하나님으로 존 로스가 결정하여 누가복음에 표기한 것이 계기가 되어 신구약 성경과 사전들에 표기되어 있다. 그러니까 믿으라는 것은 미신, 주관적 가상의 신을 유일하신 창조주라는 억지주장이요, 다른 복음이다(갈 1:7-10). 처음 표기부터 왜곡된 것이다. '다른 복음은 없나니 다만 어떤 사람들이 너희를 교란(타랏소 - 함께 뒤흔들다, 분기(分岐 - 나뉘어서 갈라짐) 시키다, 선동하다, 어지럽히다, 불안하게 하다)하여 크리스토스의 복음을 변하게(메타스트레포 - 바꾸다, 변하다)하려 함이라. 8 그러나 우리나 혹은 하늘로부터 온 천사(앙겔로스 - 사자)라도 우리가 너희에게 전한 복음 외에 다른 복음을 전하면 저주(아나데마 - 저주 받는 것, 파멸로 넘겨지는 것)를 받을지어다.'(갈 1:7-8)라고 하셨다(고후 4:3-4, 살후 2:10-12, 계 22:18-19).

원어 텍스트의 엘로힘을 거부하고 사람이 만든 미신, 주관적 가상의 하나님을 유일하신 창조주라고 하는 것은 자가당착(自家撞着)에 빠진 것이요, 자기복음이다. 다른 복을 전하면 저주를 받는다(갈 1:8-10)고 하셨다. 이러므로 쇠탄이 성경번역에 개입한 것이 명백하다. 필자는 다른복음을 말하는 것이 아니다. 원어 텍스트의 본질을 말하고 있다. 2300년 전 70인역본에는 헬라신화에 등장하는 일반 신, 신화의 신, 곧 잡신의 개념이 표기되었다. 이후 143년전 존 로스가 만든 주관적 가상의 신을 '하나님'이라고 표기한 뒤 143년의 시간이 흐르면서, 헬라신화의 일반신 '데오스'는 신약에, 구약의 '엘로힘'은 모두 '하나님'으로 표기되었다. 그럼에도 원어 텍스트와는 무관하게 이를 유일하신 창조주로 믿으라고 가르치는 목회자와 신학자들은, 결국 존 로스가 만든 주관적·가상의 미신 하나님을 전파하는 무지몽매(無知蒙昧)한 자들에 지나지 않는다.

목회자들과 신학자들이 미신 - 샤머니즘 - 우상, 신화들을 정죄를 하면서, 2300년, 143년 동안 유일하신 창조주로 믿어왔으니까 우상 - 미신 - 신화라도 괜찮다고들 하니 심히 우려가 된다. 원어 텍스트의 본질로 회귀하는 대개혁을 하자는 외침이 원어 텍스트에 맞는지를 냉철한 이성으로 연구해본 후, 무지의 억지주장들을 하지 말고 원어 텍스트의 본질로 회귀하는 대개혁에 동참해주기를 바란다. 존 로스가 만든 주관적 가상의 미신 하나님을 버리고, 원어 텍스트에 기록된 이름, 엘로힘(만능들, 힘들)아버지를 믿고 부르기를 바란다.

웨스트민스터 신앙고백서 제1장 성경, 제1항~제10항을 보라.

《웨스트민스터 신앙고백서 - 제1장 성경》

제1항.

본성의 빛(light of nature)과 창조의 섭리의 사역 가운데 영이신 엘로힘 아버지('하나님'을 삭제하고 붙임)의 선하심과 지혜와 능력이 분명하게 나타나 있어서, 아무도 영이신 엘로힘 아버지을 모른다고 핑계할 수가 없다(롬 2:14-15, 롬 1:19-20, 시1 9:1-4, 롬 1:32, 롬 2:1).

그러나 그러한 것들은 영이신 엘로힘 아버지과 그의 뜻을 아는 지식을 주는데 있어 불충분하다(고전 1 :21, 고전 2:13-14). 그래서 주님은 여러 시대에, 그리고 여러 가지 방식으로 자신을 계시하시고(히 1:1), 자기의 교회(엑클레시아 - 성도, 행 20:28)에 자신의 뜻을 선포 하시기를 기뻐하셨으며, 그 후에는 진리를 더 잘 보존하고, 전파하기 위해서, 그리고 육신의 부패와 쇠탄과 세상의 악에 대비하여 교회(엑클레시아 - 성도)를 더욱 견고하게 하며, 위로하시기 위해서 바로 그 진리를 온전히 기록해 두시는 것을 기뻐하셨다(잠 22:19-21, 눅 1:3-4, 롬 15:4, 마 4:4,7,10, 사 8:19-20).

이같은 이유로 성경이 절대적으로 필요하게 된 것이다(딤후 3:15, 벧후 1:19). 그리하여 영이신 엘로힘 아버지께서 자기 백성에게 자신의 뜻을 직접 계시해 주시던 과거의 방식 들은 이제 중단되었다(히 1:1-2).

제2항.

성경, 혹은 기록된 영이신 엘로힘 아버지(하나님을 삭제하고 붙임)의 말씀에는 지금 신구약에 있는 다음과 같은 모든 책들이 포함됩니다. 구약 39권, 신약 27권 합계 66권이다.(붙임, 시편을 5권으로 70권)

이 모든 책들은 영이신 엘로힘 아버지의 영감으로 말미암아 주어진 것으로, 신앙과 생활의 법칙이 된다(눅 16:29,31, 엡 2:20, 계 22:18-19, 딤후 3:16).

제3항.

일반적으로 '외경'이라고 불리우는 책들은 신적 영감으로 된 것이 아니기 때문에 성경의 정경(正經)의 일부가 아니며, 따라서 영이신 엘로힘 아버지의 교회에서 아무 권위가 없고, 또한 다른 인간적인 저작물보다 더 나을 것이 없으며 사용가치가 있는 것도 아니다(눅 24:27,44, 롬 3:2, 벧후 1:21).

제4항.

성경에는 권위가 있다. 그 권위 때문에 우리는 성경을 믿고 순종해야 하는 것이다. 성경의 권위는 어떤 사람이나 교회의 증거해 의해

좌우되는 것이 아니고, 그것의 저자이시요, 진리 자체이신 영이신 엘로힘 아버지께 전적으로 달려 있다. 그러므로 우리가 성경의 권위를 받아들여야 하는 것은, 그것이 영이신 엘로힘 아버지의 말씀이기 때문이다(벧후 1:19-21, 딤후 3:16, 요일 5:9, 살전 2:13).

제5항.

우리는 교회의 증거에 의하여 감동과 권유를 받아 성경을 아주 고상하고 존귀하게 여기는 데까지 이를 수가 있다(딤전 3:15). 그리고 성경 자체가 가지고 있는 내용의 신령함, 교훈의 효험, 문체의 웅장함, 모든 부분의 내용상의 일치성, 내용 전체의 목표(영이신 엘로힘 아버지 모든 영광을 돌려 드리는 것), 인간의 구원을 위한 유일한 길을 밝혀 주는 충분한 내용 전개, 이 외에도 많은 비교할 수 없이 좋은 점들 그리고 성경의 전체적인 완전성 등은 성경이 영이신 엘로힘 아버지의 말씀이라는 것을 충분하게 입증해 주는 논증들이다. 그렇지만, 그럼에도 불구하고, 성경이 무오한 진리요, 신적 권위를 가지고 있다는 것을 우리가 충분하게 납득하고 확신하게 되는 것은, 우리의 심령 속에서 말씀에 의하여 말씀을 가지고 증거하시는 성령의 내적 사역에 의해서이다(요일 2:20,27, 요 16:13-14, 고전 2:10-12, 사 59:21).

제6항.

영이신 엘로힘 아버지 자신의 영광과, 인간의 구원, 신앙과 생활에 필요한 모든 것에 관하여 하나님이 가지고 계시는 모든 계획은 성경에 분명하게 기록되어 있거나, 아니면 선하고 적절한 추론에 의하여 (필연적인 결론에 의해) 성경에서 연역(演繹 - 성경으로 결론)될 수가 있다. 그러므로 이 성경에다 성령의 새로운 계시에 의해서든지 혹은 인간들의 전통에 의해서든지 아무 것도 어느 때를 막론하고 더 첨가할 수가 없다(딤후 3:15-17, 갈 1:8-9, 살후 2:2). 그러나 말씀으로 계시되어 있는 그러한 것들을 구원론적으로 이해하는 데는 영이신 엘로힘 아버지의 성령의 내적 조명이 필요하다는 것을 우리는 인정한다(요 6:45, 고 2:9-12). 또한 영이신 엘로힘 아버지께 드리는 예배와 교회의 정치에 관하여는, 인간적인 활동이나 단체에서도 찾아볼 수 있는 어떤 격식들이 있다는 것을 인정한다. 이러한 격식들은 반드시 준수되어야 하는 말씀의 일반적인 법칙들을 따라서, 본성의 빛과 기독교인의 신중한 사려 분별에 의하여 정해져야 하는 것이다(고전 11:13-14, 14:26,40).

제7항.

성경에 있는 모든 것들은 그 자체가 한결같이 명백하거나, 모든 사람에게 한결같이 분명하게 받아들여지지는 않는다(벧후 3:16). 그렇지만 구원을 얻기 위해서 알아야 하고, 믿고 지켜야 할 필요가 있는 것들은 성경 안에 여러 곳에 아주 분명하게 제시되어 있고 밝혀져 있기 때문에 유식한 사람뿐만 아니라 무식한 사람일지라도 통상적인 방법을 적당하게 사용하기만 하면 그것들을 충분하게 이해할 수가 있다(시 119:105,130).

제8항.

이브리어로 되어 있는 구약 성경(이브리어는 옛날 영이신 엘로힘 아버지의 백성들이 사용한 원어였다)과, 헬라어로 되어 있는 신약 성경(헬라어는 신약 성경이 기록될 당시 가장 일반적으로 사용되었던 국제어였다.)은 **영이신 엘로힘 아버지에 의해 직접 영감되었고, 또한 영이신 엘로힘 아버지의 비상한 보호와 섭리에 의해 예나 지금이나 순전하게 보존되었기 때문에, 그러므로 신임할 만하다**(마 5:18). 그러기에 모든 종교적 논쟁에 있어서 교회는 최종적으로 성경(원어 텍스트)에 의존해야 하는 것이다(사 8:20, 행 15:15, 요 5:39,46).

영이신 엘로힘 아버지의 모든 백성들은 성경을 가질 권리와 관심을 가지고 있으며, 영이신 엘로힘 아버지를 경외하는 마음으로 성경을 읽고 연구하도록 명령 받았지마는(요 5:39) 성경의 원어를 모든 사람이 아는 것은 아니다. 그러므로 성경은, 성경이 전수(傳受)된 모든 나라의 자국어로 번역되어야 한다(고전 14:6,9,11-12,24,27-28). 그리하여 영이신 엘로힘 아버지의 말씀이 모든 사람에게 풍성히 거하게 하여, 그들이 영이신 엘로힘 아버지를 합당한 방법으로 예배할 수 있게 하며, 성경이 주는 인내와 위로를 통하여 소망을 가질 수 있도록 해 주어야 한다(골 3:16, 롬 15:4).

1장 8항의 요약

성경은 구약은 이브리어로 신약은 헬라어로 기록되었다. 성경원본들은 영이신 엘로힘의 영감으로 기록되었다. 최종적인 권위는 원본이다. 현존하는 공증된 사본들도 동등한 권위를 가지며 모든 성도들이 소망을 가지도록 자국어로 원어를 번역을 하되 원어 중심으로 하고, 각 국가의 토속문화가 반영되어서는 안되고, 개인의 견해나 추정과 주장을 철저하게 배격(排擊 - 남의 의견 · 사상 · 행위 · 풍조 따위를 물리침)해야 한다.

제9항. 성경 해석을 위한 무오한 법칙은 성경 자체이다. 그러므로, 어떤 성경귀절의 참되고 완전한 의미에 대하여 의문이 생긴 때에는(참되고 완전한 의미는 여럿이 아니고 하나 뿐임), 보다 분명하게 말하고 있는 다른 귀절을 통해서 연구하고 알아내야 한다(딤후 3:15-17, 히 1:1, 벧전 1:10-12, 벧후 1:19-21, 행 15:15, 시 1:2).

1장 9항의 요약

성경이 성경 자체를 해석해 준다. 난해한 부분들은 보다 분명하게 말하고 있는 병행 구절들에 의해 명백해진다. 원어 성경연구로 확증한다(행 17:11-12). 모든 신학과 신앙의 차이는 성경관에서 시작된다.

제10항. 최고의 재판관은 성경에서 말씀하시는 성령 외에는 다른 아무도 될 수 없다. 이 재판관에 의하여 종교에 관한 모든 논쟁들이 결정되어야 하고, 교회회의의 모든 신조들과, 고대 교부들의 학설들과, 사람들의 교훈들과, 거짓 영들(private spirits)이 검토되어야 하며, 그의(엘로힘) 판결에 우리는 순복해야 한다(마 22:29,31, 엡 2:20, 행 28:25, 약 4:12).

성경번역의 논쟁에 있어서 최고의 재판관은 오직 성경(원본과 공증된 사본)이며 우리는 순복해야 한다. 성경의 원본과 공증된 사본의 차이점을 인정하고 누구나 성령의 감동을 받아 원어를 해설할 수 있다.

필자는 웨스트민스터 신앙고백서 제1장 성경, 제1항~제10항에 견고하게 서있다.

9. 신학적으로는 문제가 없으나 엘로힘의 복음을 전할 때 과격한 언행과 전달방식의 대한 것이었다.

원어 텍스트의 본질로 회귀하는 대개혁의 성공을 위하여, 필자를 사랑하고 아끼는 동역자들께서 필자의 단점을 지적해 주어서 감사하다는 마음을 전한다. 그리고 단 마음으로 겸허하게 받아들인다. 필자의 언행으로 마음의 상처받은 분들께 진심으로 고개 숙여 깊은 사과를 드린다. 혀를 깨물어가며 피나는 언행을 필터하고 있다. 개인의 이름 거론, 욕설, 과격한 언어 등을 성령 엘로힘의 능력으로 정화시켜 달라고 엎드려 기도하고 있다(빌 4:13).

필자는 진리의 본질에는 생명을 걸고 지키려는 강력한 의지의 성품을 가지고 있다. 여기에 강점을 두므로 필터 되지 않은 언어폭력이 있었다는 것을 인정한다. 그러나 진리가 아닌 비 본질의 문제는 수용하고 원만하게 넘어간다. 필자의 소명은 왜곡된 진리들을 원어 텍스트에 맞게 번역하여 선교하는 것이다.

신구약 성경을 엘로힘으로 표기하지 않을 경우 원어본질의 심각한 오역과 내용 왜곡, 문맥 혼란으로 진리의 본질이 무너진다.

> ■ **창세기 1:1절 중심으로**
>
> ● **원어직역**
>
> 맨 처음에 엘로힘께서 그 하늘들의 본질의 실체와 그 땅의 본질의 실체를 그가(엘로힘) 창조하셨다(창 1:1).
>
> ● **이브리어 중심으로**
>
> 맨 처음에 엘로힘(모든 것들의 만능들, 힘들, 권세들 등등)께서 그 하늘들의 본질의 실체와 그 땅의 본질의 실체를 그가(엘로힘) 창조하셨다.
> 번역이 깔끔하다.
>
> ● **한글성경 중심으로**
>
> 맨 처음에 주관적 가상 神, 미신 神 하나님이 그 하늘들의 본질의 실체와 그 땅의 본질의 실체를 그가(존 로스가 만든 주관적 가상 신, 미신 신 하나님)창조하셨다.
> 이 번역은 창조주를 주관적 가상 신, 미신 신으로 바꿔버린다. 당신이 의심

없이 '하나님'을 유일한 창조주로 믿어왔다고, 주관적 가상 신, 미신 신이 유일한 창조주가 되는 것이 아니다. '상뎨'(上帝)를 유일한 창조주로 믿는다는 것과 다를 바가 없다. 1880년 - 1883년 9월까지 한글성경에는 엘로힘을 상뎨(上帝), 하느님, 하나님으로 병행 표기하였다.

■ 요한복음 1:1절 중심으로

● 원어직역

맨 처음부터 이 말씀(영이신 아버지)과 그가(예슈아) 있었으며 그리고 이 말씀을 향하여 그 데오스(헬라신화 신, 하위 신)가 함께 있었으며 그리고 이 말씀이신 그가 데오스(하나님은 존 로스가 만든 주관적 가상 신, 미신 신)이시다(요 1:1).

● 헬라어 중심으로

① 헬라신화의 신, 하위 신 데오스가 예슈아와 함께 있는 말씀이신 영이신 아버지가 된다.

② 헬라신화의 신, 하위 신 데오스가 말씀이신 영이신 아버지가 된다.

● 한글성경 중심으로

① 존 로스가 만든 주관적 가상 신, 미신 신 하나님이 예슈아와 함께 있는 말씀이신 영이신 아버지가 된다.

② 존 로스가 만든 주관적 가상 신, 미신 신 하나님이 말씀이신 영이신 아버지가 된다.

헬라신화의 하위 신 데오스와 존 로스가 만든 주관적 가상 신, 미신 신 하나님이 성도들의 아버지라는 것이 충격적이지 않습니까?

■ 요한복음 16:28절 중심으로

● 원어직역

내가(예슈아) 그 아버지(영 – 성령님)에게서 나와 내가 이 세상에 함께 왔다. 그리고 다시 이 세상을 내가 떠나 그 아버지를 향하여 내가 간다(요 16:28).

● 헬라어와 한글성경 중심으로

① 헬라신화의 신, 하위 신 데오스가 예슈아의 아버지가 되고 부활하여 헬라신화의 신 데오스에게로 간다는 것이 된다.

② 주관적 가상 신, 미신 하나님이 예슈아의 아버지가 되고 부활하여 주관적 가상 신, 미신 하나님에게로 간다는 것은, 기독교의 '오직 성경', '오직 원어', 믿음의 본질과 도덕, 철학적 관점에서 볼 때 참으로 중대한 문제이다. 2,300년 전, 143년 원어 텍스트의 본질을 심각하게 오역하고 왜곡함으로써 문맥을 혼란케 한 어두운 역사적 사건으로 볼 수 있다.

● 원어직역

3 그리고 만일 우리와 함께 한 복음의 기쁜 소식이 이 사람들에게 그것이

덮여 있으면 멸망하는 자들에게 그것이 덮여있다. 4 이 사람들이 믿을 수 없

는 자들이 된 것은 그 데오스(헬라신화의 하위 신, 하나님은 존 로스가 만든 주

관적 가상 신)가 그 영원한 이것을 그들 속에서와 이 사람들의 생각들을 그가

혼미케 하였다. 그 크리스토스의 이 영광의 광채가 그들에게 이 복음의 기쁜

소식의 그 계시가 비취지 않도록 하였다. 그는(크리스토스) 그 데오스(헬라신

화의 하위 신, 하나님은 존 로스가 만든 주관적 가상 신, 미 신)의 형상이다(고후

4:3-4).

● 헬라어 중심으로

① 헬라신화의 하위 신 데오스가 죄 사함과 영생구원의 절대 주권자가 된다.

② 헬라신화의 하위 신 데오스가 크리스토스의 형상이 된다.

● 한글성경 중심으로

① 존 로스가 만든 주관적 가상 신 하나님이 죄 사함과 영생구원의 절대 주권

　자가 된다.

② 존 로스가 만든 주관적 가상 신 하나님이 크리스토스의 형상이 된다.

헬라어 '데오스'와 한글 '하나님'으로 표기 유지 한다면 이런 참혹한 말씀이

된다. 섬뜩하다.

● 원어 직역

15 그리고 갓난아이에서부터 거룩한 문서(성경)들의 이것들이라 하는 것을 네가 알았다. 너와 이 사람들이 할 수 있다들, 이 크리스토스 예수스 안에서 구원을 위하여 믿음으로 지혜롭게 하였다. 16 모든 기록물(성경)은 데오프뉴스토스(데오스에 의해 영감된, 감동된)의 영감된, 그리고 가르침을 향하여, 책망을 향하여, 바르게 함을 향하여, 의로움의 교육을 향하여, 이것이 유익한 것이다. 17 그 데오스(헬라신화의 하위 신, 하나님은 주관적 가상 신)가 그의(데오스) 사람으로 온전케 하기 위해 그가(데오스) 있다. 모든 선한 일을 향하여 이미 완성하였다(딤후 3:15-17).

● 헬라어와 한글성경 중심으로

① 헬라신화의 하위 神인 데오스의 영감으로 기록된 모든 기록물들의 성경, 거룩한 문서(성경)들이 된다. 헬라신화의 신화 神인 데오스가 성도들을 신화의 사람으로 온전하게 세우려고 헬라신화의 신화 神 데오스가 있다는 것이 된다.

② 존 로스가 만든 주관적 가상 神, 미신 神 하나님의 영감으로 기록된 모든 기록물들 의 성경, 거룩한 문서(성경)들이 된다. 주관적 가상 神, 미신 神 하나님이 성도들을 주관적 가상 神, 미신 神의 사람으로 온전하게 세우려고 주관적 가상 神, 미신 神 하나님이 있다는 것이 된다.

'데오스(헬라신화의 하위 신 데오스는 이집트 2대왕 프톨레마이오스2세 필라델포스가 지시 함)'와 '하나님(존 로스가 만든 주관적 가상 신, 미신 신)'을 유지할 경우에 기독교 핵심본질이 다 무너진다.

프로테스탄트들의 믿음의 본질은 어느 신학자의 견해와 주장, 개인의 사견, 선지식, 고정관념이 아니다. 기독교의 핵심본질은 오직 성경, 오직 원어 텍스트이다. 오직 원어에서 벗어난 심각한 오역과 내용 왜곡, 문맥 혼란을 경계하고, 냉철한 이성으로 성경 원어 텍스트에서 신앙과 신학의 유일한 권위, 출발점으로 삼고 진리의 객관성 확보, 번역의 한계 극복, 이성적 영적검증과 합리적 확신으로 믿음의 순수성을 유지 보전할 수 있다. 원어 텍스트의 본질로 회귀하는 대개혁을 쇠탄 - 마귀가 방해하고 있다. 그러므로 이를 함께 감당할 적극적인 동역자들과 간절한 중보기도가 필요하다.

1년의 시간을 되돌아 보게 해주신 루하 엘로힘 아버지께 '야흐 하렐루(할렐루야)로 영광을 올려드립니다. 루하 엘로힘 아버지께서 종과 잘되는 교회 성도들을 통하여 원어 텍스트의 본질로 회귀하는 대개혁을 이 땅위에 이루어가시니 감사합니다. 이 뜻을 이루기 위하여 좋은 환경과 물질을 주시고, 성경과 찬송가, 백과사전들을 번역하는데 꼭 필요한 동역자들을 붙여 주시옵소서. 필자의 저서들을 영어로 번역할 신실한 동역자를 보내어 주시옵소서. 나의 루하 엘로힘 아버지! 감사합니다.

에하흐를 밝게 비추겠습니다.

에하흐를 자랑하겠습니다.

에하흐를 찬양합니다.

영이신 루하 엘로힘 아버지께

모든 영광을 올려드립니다.

목회자들이여!

성도들이여!

신학자들이여!

'이제 내가 사람들에게 좋게 하랴(페이도 - 내가 설득 당하랴, 내가 설득 당하여 유혹받으랴, 내가 타락시키랴) 엘로힘께 좋게 하랴 사람들에게 기쁨(아레스코)을 구하랴(제테오 - 찾다, 법적인 조사, 지식을 탐구하는 것) 내가 지금까지 사람들의 기쁨(아레스코 - 기쁘게 하려고 애쓰다, 편의를 도모하다, 기쁘게 하다)을 구하였다면(제테오 - 내가 찾았고, 내가 법적인 조사를 하였고, 내가 지식을 탐구하였다면) 크리스토스의 종이 아니니라'(갈 1:10)고 하였다. 여러분은 엘로힘의 우편에 서 있습니까? 사람의 편 좌편에 서 있습니까?(마 25:34, 행 21:13, 계 12:11, 계 21:7). 아무초록 본서를 읽는 모든 독자들은 엘로힘의 우편에 서있는 사람들이 되시기를 바란다.

싸우자! fighter! fighter! fighter!
진리를 세우자! establish the truth!

사실을 사실대로 말한다는 것이 이렇게 어렵다는 것을 새삼 알게 되었다. 일반적 사실을 밝히는 것도 쉽지 않다. 공격을 받기 때문이다. 21세기 대한민국의 부정선거가 그렇다. 밝히면 될 텐데 밝히지 않는다. 국가기관인데 "가족회사"라고 한다. 월급은 국민의 세금으로 받아간다. 썩을 대로 다 썩었다는 증거이다. 그리고 윤석열 대통령 계엄령은 계몽령이다. 탄핵무효 각하하라. 기각하라. 내란의 우두머리다. 탄핵하라. 반대와 찬성으로 나라가 둘로 분열되었다. 그 이유는 헌법을 지켜야 할 사법부가 무너졌기 때문이다. 세상의 올바름은 헌법이다. 그러나 현재 한국의 사법부의 상황은 헌법위에 입법부 다수의 정치독재와 정치적 불법들이 사법부를 장악하여 불법이 난무하고 있다.

'내가 해 아래에서 보건대 재판하는 곳 거기에도 악 רֶשַׁע(레솨아 - 부정, 사악, 유죄)이 있고 정의를 행하는 곳 거기에도 악 רֶשַׁע(레솨아 - 부정, 사악, 유죄)이 있다'(전 3:16)고 하였다. 윤석열 대통령은 2025년 4월 4일 8대0으로 인용되었다. 1993년 대만 CTS에서 제작한 판관(포증(包拯, 999.4.11~1962.5.26) 포청천(包靑天)의 "개작두를 열어라", "호작두를 열어라" 그리고 '참하라'가 그리워진다. 공명정대한 판결이 무너졌다.

대한민국에는 포청천 같은 재판장이 없는 것 같다. 아무리 국민의 저항권이 강하다 할지라도 재판장은 헌법을 준수해야 한다. 정치적 논리로 해법을 찾으려면 법복을 벗어야 한다. 원어의 본질을 지키려는 개신교단장들을 찾아 볼 수 있을까 의문이다.

성경진리의 사실을 세워가는 것은 더 더욱 쉬운 일이 아니다. 난공불락 같은 교단들의 거대한 산이 버티고 있기 때문이다. 교단의 특성들이 난공불락이기 때문이다. 그러나 분명한 것은 교단의 특성보다 신구약 원어 텍스트에서 이것이 팩트라고 하면 아멘 해야 한다. 그러나 현실은 그렇지 않다. 교단들마다 기본적으로 가지고 있는 선지식, 고정관념을 내려놓기가 어렵기 때문이다. 그리고 목회자 개인들이 추구하고 하고 있는 진리의 관점의 틀을 가지고 있기 때문이다. 이건 아닌데 고개가 갸우뚱 거려진다.

싸-우자! fighter! fighter! fighter!

본서의 목적은 팩트를 밝히는 것이다. 신구약 원어 텍스트의 팩트로 한국교회를 깨워야겠다는 일념뿐이다. 개혁포럼 대표와의 전화 중에

설교를 부탁받았고 설교 제목을 말해달라고 해서 툭 뛰어나온 말이 '하나님은 누구신가?' 였다.

하나님에 대해서는 박사들인 증경총회장, 현총회장, 신학대학원교수, 원로목회자들과 현역목회자들을 대상으로 하나님은 누구신가? 주제로 설교를 한다는 것이 의아스러웠다. 그리고 약 2주후 즘에 영이신 루하 엘로힘의 감동이 임하였다. '하나님의 유래'라는 생각이 떠나지 않았다. 구글 창에 '하나님의 유래'를 검색하자. 정보들이 많았다. 필자는 몇 개를 검색해보고 깜짝 놀랐다. 속았구나. 왜 이제야 알았지... 자료는 차고 넘쳤다. 그리고 필자는 내가 무지했구나. 부끄러웠다. 본서에 실린 논문을 복사하여 포럼에 참석한 목회자들에게 나눠주고 신구약 원어 텍스트에는 하나님(하늘 heaven + 님 prince, 주관적 가상의 神, 미신 神)이라는 명칭이 없다.

이 주제는 필자의 생명을 건 팩트이다. 우리는 태어나면서부터 창조주 엘로힘이 아닌 미신 神 하나님을 아버지로 믿고 섬겼다. 이 사실을143년간 몰랐다고 전하자. 개혁포럼에 참석한 목회자들 중에 한 분도 이의가 없었다. 개혁포럼을 주관하시는 대표를 비롯하여 여러분

들이 "깜짝 놀랐다", "은혜를 받았다", "몰랐었다"는 말들을 하였다. 2025
년 2월 20일 개혁포럼을 마치고 집에 돌아왔다. 거룩한 영(헬, 하기오스 프
뉴마 - 성령, 이브리어 루하 카도소 - 거룩한 영)께서 강력하게 도서를 출판하여
한국교회를 깨우라는 감동을 순종하여 출판하게 되었다. 본서를 집
필할 때 어느 목회자는 필자에게 마태복음 16:23절을 보냈다. 그리고
"엘로힘"과 "데오스"와 "하나님"과 "God"이 동일하다고 하였다. 나는
아니라고 하였다.

필자는 이 사실을 밝히는 일에 생명을 바쳤다. "하나님"의 명칭은 구
약 원어 텍스트에 없다는 것이 팩트라고 하는데 "좌탄아 물러가라"는
소리를 듣게 되어 기쁘다(행 4:18-20, 행 5:28-29,40-42, 갈 1:10, 마 5:10-12,37, 마
16:24-27, 행 20:24). 루하 엘로힘 아버지께서 나의 믿음의 상태를 점검하
시고 계시다는 생각이 들었다. 이로 인하여 필자의 마음은 더 굳건
해졌다. 엘로힘께서 선하게 열매 맺게 하실 것이다(롬 8:28, 엡 1:9-10, 빌
1:20-21, 시 56:5).

'기록된바 엘로힘(데오스)께서 자기를 사랑하는 자들을 위하여 예비하신 모든 것은 눈으로 보지 못하고 귀로 듣지 못하고 사람의 마음으로 생각하지도 못하였다 함과 같으니라'(고전 2:9)하였다. 태어나서 처음으로 신구약 원어 텍스트에는 "하나님"(天神)이 없다고 하니 황당하기도 할 것이다. 필자도 그랬으니까 이해한다.

집필을 하는 중에도 이 개혁의 불길은 경기도와 전남, 인천과 서울, 안양과 안산, 강원도 등지로 성령의 불길이 번져갔다. 36년 친구 목자(엡 4:11)는 본서의 검수위원으로 동참하였다. 친구 이돈필 목자(예장 총회(합동))도 기도와 격려, 다 방면으로 필자를 돕고 있다.

'19 또 우리에게는 더 확실한 예언이 있어 어두운 데를 비추는 등불과 같으니 날이 새어 샛별이 너희 마음에 떠오르기까지 너희가 이것을 주의하는 것이 옳으니라 20 먼저 알 것은 성경의 모든 예언은 사사로이 풀 것이 아니니 21 예언은 언제든지 사람의 뜻으로 낸 것이 아니요 오직 성령의 감동하심을 받은 사람들이 데오스(헬라신화의 하위 신)에게 받아 말한 것임이라'(벧후 1:19-21)라고 하였다.

■ 베드로후서 1:21절 중심으로

● 헬라어 중심으로

성령님께로부터 받은 예언의 말씀까지는 번역이 잘 되었지만, 헬라신화의 하위 신 데오스에게 말씀을 받아 말하였다고 번역한 것은 참혹하고 심각한 오역과 내용 왜곡, 문맥을 혼란케 하는 것이다. 그리고 성령님의 감동하심을 받은 사람들이 헬라신화의 하위 신 데오스에게 받아 말하였다고 하므로 진리의 통일성이 없고 혼합되어 있다고 볼 수 있다.

● 한글성경 중심으로

한글 성경에서 데오스 대신 '하나님'이 표기되어 있다. 이 하나님은 존 로스가 만든 주관적 가상 신, 미신이다. 그러므로 성령님의 감동하심을 받은 사람들이 주관적 가상 신, 미신 하나님에게 말씀을 받아 말하였다고 하는 것은 진리의 본질을 심각하게 오역하고 내용과 문맥을 왜곡한다. 참담하다. 엘로힘으로 통일하지 않을 경우 이런 혼란은 계속될 것이다.

● 이브리어 중심으로

헬라어 데오스와 한글성경 하나님을 삭제한 곳에 엘로힘을 표기하면 이런 참혹하고 심각한 오역과 내용 왜곡, 문맥 혼란은 사라진다. 원어 진리의 본질이 명확하게 드러난다. 성령님의 감동하심을 받은 사람들이 엘로힘께 받은 말씀을 전하다로 명확해진다. 헬라신화의 신 데오스, 주관적 가상 신, 미신 하나님과 엘로힘을 동일시하는 그 사람은 불신자이다. 루하 엘로힘 아버지를 저주하고 모독하는 자이다.

자. 이제부터 시작하면 됩니다. 현재와 미래세대를 위하여 한국교회의 일어남이 절실 합니다(ἀνίστημι450, 아니스테미 - 일어나다, 절름발이를 일으켜 세우다, 잠자고 있는 자를 깨우다, 회복하다, 일어나게 하다, 엡 5:14).

'아니스테미'하려면 루하 엘로힘 아버지, 예슈아 크리스토스, 성령님앞에서 무릎을 꿇고 선지식을 내려 놓아야 합니다. 고정관념을 내려 놓아야 합니다. 교단의 이기주의를 내려 놓아야 합니다. 그래야 살아 일어서게 됩니다.

진리를 세우자! establish the truth!

국가는 달라도 신구약 원어 텍스트의 고유명사 이름과 칭호들은 달리해서는 안 된다. 고유명사가 바뀌는 것은 토속문화의 영향이다. 영어 표기로 창조주의 이름과 칭호들의 본질을 왜곡(歪曲 - 사실과 다르게 해석하거나 그릇되게 함)하고 있어 통분한다. 거짓말은 솨탄의 본질이다. 악은 모양이라도 버려야 한다. 성경에 표기된 "하나님"은 "토속문화의 한민족의 미신 神, 신화의 神"이라는 것이 팩트이다. 세계의 모든 성경이 신구약 원어 텍스트의 고유명사 '엘로힘'(만능들, 힘들, 강함들)로 통일시켜 번역 출판 되어야 한다. 각 국가의 토속문화 신(神)의 명칭들은 신구약 원어 텍스트와 관련성이 전혀 없는 것이 팩트이다. 루하 엘로힘께서 이 일을 시작하셨다. 필자는 심부름꾼이다. 노아흐(노아)가 방주를 아라랏(아라라트 - 거룩한 땅)산위에서 만들 때 당시의 사람들이 다 비웃었을 것이다.

초대교회 때에도 예슈아의 십자가와 부활의 복음을 전하는 모든 자들이 핍박을 받았으며 순교들을 하였다. 마르틴 루터 종교개혁 이전에 개혁의 선구자 "위클리프", "롤라드", "얀 후스", "틴데일" 등 많은 순교자들이 있었다. 필자와 본서에 대하여서도 색안경을 끼고 보겠지만 신구약 원어 텍스트의 본질을 회복하는 대개혁은 루하 엘로힘 아버지께서 친히 하시고 계시며 이 일을 매우 기뻐하고 계신다. 그러므로 반드시 이루실 것을 믿는다. 훗날에 세계 역사가들이 2025년 2월 20일을 신구약 원어 텍스트의 본질로 회귀하는 대개혁의 기념의 날로 지정할 것이다. 이 개혁에 함께한 자들도 역사에 길이길이 남게 될 것이다.

대한성서공회는 BC 3~1세기경 70인역(LXX) 번역(코이네 헬라어)과정부터 고유명사 '엘로힘'을 원음대로 옮겨 표기해야 하는 원칙을 지키지 않았다는 것을 확인해 보라. 한글성경에서 '엘로힘'을 지우고 미신 神, 신화의 神으로 채워 넣는 악을 행하였다. 그리고 신구약 성경 모두 고유명사 '엘로힘'으로 개정하여 본질을 회복을 해야 할 것이다. 특정된 고유명사 '엘로힘'을 헬라신화의 하위 신인 '데오스'라고 번역함으로 특정된 고유명사 '엘로힘'을 헬라신화의 일반 토속 신으로 만들었다. 창조주 '엘로힘'의 본질을 회복하는 역사적인 사명을 모든 성도들과 우리 목회자들이 감당해야 할 것이다.

Fact Check 요약

원래 한국어에는 기독교의 신을 지칭하는 고유한 단어가 없었다.

신구약에 표기되어 있는 '하나님'은 '창조주 엘로힘'이 아니다. 스코틀랜드 선교사 존 로스가 1883년 10월 누가복음에 공식적으로 '하나님'을 표기하므로 신구약 성경에 표기되는 계기(契機)가 되었다. 하나님의 명칭은 존 로스가 만든 주관적 가상 神, 미신 神이라는 사실이 증명되었다. 하나님을 주관적 가상의 神, 미신 神이라함은 사람이 만들었기 때문이다.

헬라어(신약) '데오스(하나님)'는 창조주 엘로힘이 아니다. 헬라신화의 하위 신, 신화의 신이다. 2300년전 이집트 왕 프톨레마이오스 2세 필라델포스가 이집트 알렉산드리아에 있는 자신의 도서관에 소장하기 위하여 이브리어 성경을 헬라어로 번역(70인역 LXX)하면서 특정된 고유명사 '엘로힘'을 헬라어 보통명사 '데오스(헬라신화의 하위 신, 잡신, 잡귀)로 번역하여 오늘에 이르렀다는 것이 증명되었다.

■

··

1992년 11월 11일 강원도에 있는 정근철(불교 미륵종의 한 분파인 "한 세계 인류성도종"이란 종파의 대표)은 하나님(하느님) 이름 도용사건 『하느님의 명호도용 및 단군성조의 경칭침해 배제청구 의 소』 보상금으로 1억 재판사건이 있었다.

- 92가합 71999 -

날짜 : 1992년 11월 11일

원고 : 한세계 인류 성도종 대표 정근철

피고 : 한국 천주교 대교구 김수환 추기경

　　　한국 기독교 총연합회 박맹술

　　　한국 기독교 교회연합회 김성환

　　　재단법인 대한성서공회 성경발행소

　　　주식회사 보진재 성경전서 인쇄소

　　　주식회사 성덕 인쇄소 (성경 및 한영 성경전서)대표

"한민족 하나님 도용죄"목으로 법원에 고소장을 제출함으로 '하나님 - 하느님'은 창조주 엘로힘이 아니라 '단군신화의 우상 神'이라는 사실이 증명되었다.

창조주와 유일하신 분은 '엘로힘'(창 1:1), 루하 엘로힘(창 1:2, 요 4:24), 에하흐 엘로힘(창 2:4), 예슈아 크리스토스(잠 8:22-31, 요 1:1-3)이시다(신 6:4, 출 3:15). 이 외에는 모두 우상들과 잡신들이다. 더 머뭇거릴 시간이 없다. 자유대한민국에서 시작된 이브리어 원어 텍스트의 본질로 회귀하는 대개혁운동에 동참하여 세계로 확장하는 일에 힘을 모아 주시기를 바란다.

성도들이 진리의 맹인이 된 것은 목회자들의 책임이 크다(겔 33:6-9,33). 존 로스가 만들어낸 주관적 가상 神, 미신 神인 하나님을 믿는 자들은 귀신의 가르침을 따르는 것과 같다(딤전 4:1-2). '엘로힘께서 미혹의 역사를 그들에게 보내사 거짓 것을 믿게 하심은 진리를 믿지 않고 불의를 좋아하는 모든 자들로 하여금 심판을 받게 하려 하심이라'고 말씀하셨다(살후 2:9-12, 딤후 4:1-5, 딛 3:9, 딤전 6:20, 갈 1:6-10).

웨스트민스터 소요리문답(1-3문)으로 마무리한다.

1. 사람의 제일되는 목적이 무엇인가?

답) 사람의 제일되는 목적은 엘로힘을 영화롭게 하는 것과 영원토
록 그를 즐거워하는 것이다(마 5:16, 롬 14:7-8, 고전 10:31, 갈 1:24, 벧전
1:8-9, 벧전 2:9, 계 4:11, 시 50:23, 시 73:25-28, 시 115:1, 시 127:1, 사 43:7).

**2. 엘로힘께서 무슨 규칙을 우리에게 주시어 어떻게 자기를 영화롭게
하고 즐거워할 것을 지시하셨는가?**

답) 신구약 성경에 기재된 엘로힘의 말씀은 어떻게 우리가 그를 영
화롭게 하고 즐거워할 것을 지시하는 유일한 규칙이다(요 5:39-40,
행 10:43, 롬 1:2, 딤후 3:15-16, 벧후 1:20-21, 계 19:10, 시 1:2, 시 19:7, 시 71:17,
시 119:76-77, 92-95, 110-114, 143-144, 잠 22:6, 렘 15:16).

3. 성경이 제일 요긴하게 교훈하는 것이 무엇인가?

답) 성경이 제일 요긴하게 교훈하는 것은 사람이 엘로힘을 대하여
어떻게 믿을 것과 엘로힘께서 사람에게 요구하시는 본분입니

다(창 18:19, 출 20:1-17, 신 6:1-5, 신 10:12-13, 신 28:1-14, 미 6:8, 요 20:31, 요 5:39, 롬 15:4, 고전 10:11, 딤후 3:15, 약 2:20-26)라고 하였다. 성도들의 제일 되는 목적과 유일한 규칙과 본분을 회복하여 실행하기를 간절히 소망하고 갈망하며 간구한다.

본서의 검수위원으로 수고해 주신 조엘림권사께 감사를 드린다. 본서 집필 소식에 큰 기대와 환영을 표하는, 잘되는 교회 성도들의 기도와 선후배 목회자들의 조언과 격려, 그리고 정보를 제공해주신 일본, 인도, 카작스딴, 중국, 캄보디아선교사 등, 친구 목회자들께 심심한 감사를 드린다. 표지를 디자인 해주신 조우림 권사께도 감사드린다. 하늘기획 출판사 대표 황성연 장로와 편집하느라 수고하신 박상진 과장께도 감사를 드린다.

*오타는 너그러운 마음으로 양해(諒解)를 부탁드립니다.

감사합니다. '야흐 하렐루'(할렐루야)

2026.2. 창뜰아랫길 골방에서
이브리어 단어별 합성어해설 연구원 제공

·· 미주

01) 출처 Gemini 한국의 하나님 호칭 유래 https://g.co/gemini/share/5b7216574b6b, 위키백과, 우리 모두의 백과사전, 당당뉴스 2023년 12월 18일(월) 23:22:40, 중에서 요약함.

02) 성공회에서는 로마 가톨릭교회, 동방 정교회 및 여호와의 증인 등과 마찬가지로 '하느님'이라 표기한다.

03) 국립국어원, 《표준국어대사전》. 2014 / 우리말 바로쓰기 - '하나님'과 '하느님' / "표준국어대사전- '하나님'". 2011년 7월 20일에 원본 문서에서 보존된 문서. 2011년 4월 22일에 확인함.

04) "'하느님' vs '하나님'⋯신의 진짜 이름은?". 2010년 2월 25일에 원본 문서에서 보존된 문서. 2010년 10월 4일에 확인함. / (중동 칼럼)국내 교인들의 이슬람 오해를 바로잡을 때

05) 『사진과 그림으로 보는 게임브리지 이슬람사, 프랜시스 로빈슨 외(손주영 외 옮김), (주)시공사, 2006, 서울』, 『이슬람의 역사와 그 문화, 김용선, 명문당, 2002, 서울』, 『이슬람의 세계사, 이아라 M.라파두스(신영선 옮김), 이산, 2008, 서울』

06) 윤효중. 말레이시아, '알라' 호칭 무슬림 독점에 소송 제기. 아이굿뉴스. 2008년 1월 10일.

07) 길을 찾는 사람들을 위해 -기독교가 부르는 하나님이라는 호칭의 유래에 대해서.

08) 하나님닷컴.

09) 전무용, 『이 땅에 처음 비추어진 복음의 빛』, 《성서한국》 2007년 여름호, 통권 제53권 2호, 대한성서공회(웹 버전 Archived 2013년 12월 3일 -웨이백 머신). 로스 목사는 당시의 선교 보고서에서, "하늘"(heaven)과 "님"(prince)의 합성어인 "하느님"이 가장 적합한 번역어일 것이라고 보고하고 있다.

10) 천주교 '야훼' 표현 금한 이유는? Archived 2014년 11월 29일 -웨이백 머신 매일신문(2008.10.25) 기사 참조

11) 하나님닷컴.

12) 『국어사개설, 이기문, 탑출판사, 1990, 서울』, 『국어학개설, 이익섭, 학연사, 2005, 서울』, 『학교문법과 문법교육, 임지룡 외, 박이정, 2008, 서울』/ "국립국어원 소식지 쉼표, 마침표. 없어진 한글 자모, 어떤 소리를 나타낸 것일까요? - 홍윤표". 2014년 12월 11일에 원본 문서에서 보존된 문서. 2015년 2월 8일에 확인함.

13) 제1절 언어 지리와 역사적 개관 / 조선 후기 필사본 한어회화서 華峰文庫 《中華正音》에 대하여

14) "민족사관홈페이지". 2015년 7월 21일에 원본 문서에서 보존된 문서. 2010년 10월 8일에 확인함. -출처 위키백과, 우리 모두의 백과사전.

15) 가톨릭신문 발행일 1993-01-24 제 1839호 15면 중에서

16) [출처] https://blog.naver.com/gnbone/220556299721 하느님 명호 재판 사건의 전말|작성자 깨복이 2015.12.2. 11:0

17) 출처 세상에 이런일이, 하나님(하느님) 이름 도용사건 재판결과, 천하포무

2007.11.23. 11:23

18) 출처 한얼말씀(주보), 하나님(하느님, 한얼님) 부름 참위환한 한얼말씀 개천

4467년 3월10일(단기4343년), 작성자 환터휨 |작성시간 10.03.10 | 중에서

19) 출처 로스와 한국 개신교 : 1882년 출간된 로스본 첫 한글 복음서를 중심

으로

20) 출처 '로스역본'(Ross Version) 논쟁에 관한 연구, 장로회신학대학교 기독교

사상과 문화연구원

21) 출처 당당뉴스 2023년 12월 18일(월) 23:22:40

22) 구글 AI개요 중에서

23) 출처 당당뉴스 2023년 12월 18일(월) 23:22:40

24) 출처 당당뉴스 2023년 12월 18일(월) 23:22:40

25) 출처 크리스챤신문 2000/07/29.

엘로힘 vs 하나님

알면 살고 모르면 죽는다.
알아도 지켜야 살고 지키지 않으면 죽는다.

초판 1쇄 발행 2025년 5월 23일
개정판 1쇄 발행 2026년 3월 13일

지은이 조길봉
펴낸이 황성연
펴낸곳 하늘기획
출판등록 제306-2008-17호
주소 경기도 파주시 광탄면 혜음로883번길 39-32

전화 031- 947-7777
팩스 0505-365-0691
디자인 조우림
편집 박상진
마케팅 이숙희, 최기원
제작 관리 이은성, 한승복
Copyright © 2026, 하늘기획

ISBN 979-11-92082-400 03230